二大注目店

待望の復活にファン歓喜
京都拉麺信長 四条河原町店

かつて木屋町で注目を浴びた人気店[京都拉麺信長]。鶏ガラ豚骨しょうゆの正統派京都ラーメンが復活したとあって、ラーメンファンの話題をさらっている。がっつり派も少しずつ味わいたい派も満足できるメニューが揃う。

FOOD HALL
Sumitomo Fudosan Bldg.

京都市下京区四条通河原町東入ル真町68 住友不動産京都ビル7F

四条河原町東南角にある[住友不動産京都ビル]のレストラン街がリニューアルし、グルメの新名所として注目を浴びている。店舗により京都の街並を一望できるのでデートにもぴったり。

十彩×TANITA CAFE 京都店
☎075・212・1016
11:00〜21:30(LO/21:00) 無休

京都拉麺信長 四条河原町店
☎075・231・0009
11:00〜22:00(LO/21:30) 無休

麺匠 たか松

小麦が香る、至極の自家製全粒粉

つけ麺（鶏魚介）
870円（税込）

「まるで蕎麦のよう」とも言われる自家製麺は「あつもり」にも「ひやもり」にも対応。スダチを加えて味変も楽しみたい

つけ麺食べ方

当店のつけ麺は1杯で3回楽しめる**三幕構成の一杯**です。

 一幕
まずは提供されたつけ麺をそのまま召し上がってください。
スープのキレある美味しさ、麺の小麦の味わいと風味が絶妙です。

 二幕
麺を半分ほど食べ進んだら、添えてあるタマネギを入れて召し上がってください。
タマネギのしゃきしゃきとした食感と香りが加わりスープの甘みと旨みが引き立ちます。

 三幕
麺に添えられたすだちを麺に絞って、そのまま麺を召し上がってみてください。
麺そのものの美味しさをすっきりと味わっていただけます。また、すだちを搾った麺をつけ汁に付けて召し上がると、スープがすっきりとした味わいになり、また新しい美味しさに出会うことができます。

京都本店	四条店	KAWARAMACHI	長堀橋店	心斎橋店
〒604-8146 京都府京都市中京区一蓮社町312	〒600-8091 京都府京都市下京区東洞院四条下ル元悪王子町39-2	〒604-8033 京都府京都市中京区奈良屋町302-1	〒542-0082 大阪市中央区島之内1-19-15	〒542-0081 大阪府大阪市中央区南船場3-9-6
営業時間 10:30～23:00	営業時間 【平日】11:00～24:00 【日・祝】11:00～23:00	営業時間 11:00～23:00	営業時間 11:00～23:00	営業時間 11:00～23:00
定休日 年末年始	定休日 年末年始	定休日 年末年始	定休日 年末年始	定休日 年末年始
TEL 075・252・8270	TEL 075・371・0810	TEL 075・253・6773	TEL 06・6281・1122	TEL 06・6121・7227
席数 カウンター／13席 テーブル／2席	席数 カウンター／14席 テーブル／2席	席数 カウンター／14席 テーブル／6席	席数 カウンター／15席	席数 カウンター／17席

Leaf 京都滋賀 うまいラーメン

CONTENTS

004 京都・滋賀 いま注目の麺

京都滋賀のエリア別ラーメン

KYOTO
- 020 自由奔放 中京区
- 026 強豪連ねる 左京区
- 032 満腹必至 上京区
- 040 ポスト麺道 東山区
- 044 昔ながらの 下京区
- 048 新麺道 伏見区
- 052 実力派の 北区
- 054 豪快な 西京区
- 056 多彩な 右京区
- 058 個性派の 南区
- 064 玄人好み 山科区
- 066 侮れない 郊外

SHIGA
- 072 堂々の 大津
- 078 麺ロードの 湖南
- 086 激戦区の 湖東
- 090 揺るがない 湖北

- 036 10-FEETが食レポ?! 話題の店へ直撃!
- 060 ♯ラーメン女子♯ 森本聡子さん お気に入りの一杯
- 070 今話題の?! なのに・ラーメン
- 092 [麺ライターがゆく] 時代を牽引する 京滋のラーメン店。

※掲載されている価格は特別な表記がない場合、税別価格となっています。
2019年10月以降の税率変更に伴い価格が変更になる場合がございます。
※本誌に掲載されている情報は、2019年9月現在のものです。
※料金や営業時間などの各データは、季節や日時の経過により変わる場合がありますのでご注意ください。
※お盆、年末年始の休みは通常と異なる場合がありますので、各掲載店へお問い合わせください。
※掲載されている料理写真はイメージです。仕入れの都合や季節により内容が変更になる場合がございます。予めご了承ください。

表紙撮影／平田尚加　デザイン／岸本香織　撮影協力／繁ちゃんラーメン（p66）

京都・滋賀 いま注目の麺

老若男女に愛される、もはや日本の文化といっても過言ではない。
京滋で話題のニューカマー、渾身の一杯を紹介。

鶏中華そば 800円

濃口醤油のほのかな甘みが口いっぱいに広がる定番の一杯。洗練された中華そばの進化系

凛と澄みきった鶏清湯に感動

誰からも愛される中華そばの新鋭

盤石の人気を誇る「麺屋 極鶏」出身の店主が手掛ける一杯は、鶏白湯とは対極の澄みきった鶏清湯。国産のもみじ鶏とさくらどりを贅沢に丸ごと使用し、九十九里浜産の煮干しや厚削りの鰹節、羅臼昆布などから煮出した魚介スープと合わせている。その味わいは、まるで和食のすましのように高純度な旨みの結晶。「浅草開化楼」から取り寄せた細麺がストローの代わりとなって、スープを吸い込む醍醐味をダイレクトに伝えてくれる。また、並盛りでも麺量160gとやや多めが嬉しい。

MAP／P101-02・2C
麺屋 坂本
めんや さかもと／烏丸鞍馬口

☎075-748-0909
京都市上京区烏丸通鞍馬口
下ル上御霊中町456-6
11:00〜15:00
17:30〜22:00
水曜休　全席禁煙
完全個室無　P無
Twitter　menya_sakaで検索

その他のおすすめメニュー
鶏塩そば900円、特製つけ麺1000円、小ご飯50円
ラーメンDATA
麺:ストレート(細)　スープ:丸鶏、魚介

プレハブ小屋から始まる挑戦

たまり（改）
800円（税込）
鶏清湯ベースのほんのり甘いスープに黒胡椒がアクセント。つるりとした低加水麺も美味

レッド（改）
850円（税込）
粗めの一味唐辛子に覆われた、突き抜ける辛さの一杯。炒め玉ねぎの甘みが箸休めになる

東近江の"ええもん"が勢ぞろい

見渡す限りの田園風景の中、民家の軒先のプレハブ小屋になぜか人だかりが。こちらは京都・大阪の名店で腕を磨いた店主が帰郷し、満を持してオープンさせたラーメン店。並々ならぬ地元愛を発揮して、醤油は東近江市の「しくマルハチ」、麺も東近江市の「松吉製麺所」から入荷。さらに永源寺町名産の赤こんにゃく、近隣農家のざく切りネギをスープに添え、湖東の美味を一堂に集めた中華そばを完成させた。品書きは「たまり（改）」、辛党向けの「レッド（改）」、濃厚な「せあぶら（改）」の3種類。

麺庭 寺田屋
めんてい てらだや／東近江

MAP／P107-13・3C

☎050・5802・9700
東近江市新出町329-1
11:00〜15:00
18:00〜21:00
月曜休　全席禁煙
完全個室無
P7台
Facebook／麺庭 寺田屋で検索

その他のおすすめメニュー
せあぶら（改）850円、チャーシュー丼500円（すべて税込）

ラーメンDATA
麺：ストレート（中太）　スープ：鶏ガラ、豚ゲン骨

太麺大盛りでも楽々完食の油そば

有名レコード店からライブハウス店長を経験した店長の岡田和也さんが、東京・早稲田などで食べた油そば店に衝撃を受け、自分でも始めた240（ニコヨン）カレー系列店。構想6年でこの夏同ビルにオープンしたばかり。鉢の底にある濃厚タレに自家製ラード、自家製香味油、モチモチの太ちぢれ麺、角切りチャーシューなどを盛り込んだ鉢をレンゲと箸で「天地返し」してよく混ぜて食べるのだが、酢とラー油を好みで1周半～2周かけまわし、熱いうちによく混ぜるのがポイントだ。

油そば専門店 ムジコ
あぶらそばせんもんてんムジコ／千本竹屋町

MAP／P103-04・1B

☎075・823・6083
京都市上京区千本通竹屋町下ル聚楽町863-25 朝日ビル102
11:30～15:00、18:00～22:00
月曜休（祝日の場合翌日）
全席禁煙　完全個室無
P無
Twitter／musico645で検索

その他のおすすめメニュー
味玉油そば780円、スペシャル油そば880円、トッピング50円～

ラーメンDATA
麺：ちぢれ（中太）　タレ：醤油ベース

キレキレの醤油タレ

スペシャル油そば　880円
麺量は小150g、並200g、大300g（写真）で同料金。醤油のキレがいいタレであっさり完食だ！

きめ細かい泡スープ

みらくるつけ麺 1000円
口当たりのやさしいクリーミィな泡スープは、弾力のある自家製麺との絡みも抜群

昼は塩味、夜は醤油味の二刀流

御前花屋町の人気ラーメン店「あいつのラーメン かざぐるま」の2号店で、濃厚な鶏豚骨スープを使ったラーメンやつけめんが評判。昼夜それぞれ限定20食のみらくるつけ麺は、きめ細かい泡スープでいただく趣向。1玉から3玉まで同料金なのも嬉しい。とりぶたNoodleは鶏豚骨の旨みが詰まったスープと麺のハーモニーを楽しめる。昼は塩味、夜は醤油味で提供されるので、どちらも試したい。

MAP／P101-02・3A

あいつのラーメン かざぐるま
あいつのラーメン かざぐるま／北野白梅町

☎050・1497・0943
京都市北区北野上白梅町24 ジュノー雅1F
11:00〜15:00、18:00〜22:00
無休
全席禁煙
完全個室無
P2台
Facebook／あいつのラーメン かざぐるまで検索

～～～～～～～～～～～～～～～
その他のおすすめメニュー
とりぶたNoodle1000円
ラーメンDATA
麺：平打ち(太)　スープ：鶏ガラ、豚骨

鶏白湯らーめん
850円
かえしには守山の遠藤醤油を使用。芳醇なスープと麺が絶妙にマッチ

激戦区野洲で輝きを増す名店の系譜

彦根の人気店「ラーメンにっこう」で3年間務めた店主が、修業先とは程良い距離感の野洲に出店。人気店集まる場所であえて勝負する。鶏白湯を主軸にしながら、醤油、油そば、限定のつけ麺を提供。なるべく滋賀の食材を多く取り入れていきたいと更なる高みを目指す。国産鶏ガラをたっぷり、8時間以上掛けて煮込んだスープは、芳醇で旨み豊かな味わいが後を引く。京都の「麺屋 棣鄂」の中太麺も絡みよく、具の豚バラ叉焼の肉感ある味と、赤玉ねぎのサッパリとした風味で絶妙なバランスを演出。

MAP／P107-13・3B
ラーメン天人
ラーメンあまんと／野洲

☎非掲載
野洲市冨波甲1440-1
11:00～14:30
18:00～21:00
水曜休　全席禁煙
完全個室無　P10台
Instagram／
ramen.amantoで検索

その他のおすすめメニュー
油そば（まぜそば）醤油・塩各800円、
醤油ラーメン850円
ラーメンDATA
麺：ストレート（中太）　スープ：鶏白湯醤油

芳醇な旨み

まぜそば800円。黒・白の2種類がある。それぞれ醤油やペッパーのパンチがきいており、クセになる味わい

飲むほどに旨み感じる豚骨魚介スープ

我豚ラーメン
750円

スープは豚骨とは思えないほど、あっさりした味わい。一口食べれば、後味の爽快さに驚く

守山の人気店で一度はお試しあれ

昨年のオープン時は早朝から行列ができたという守山の人気店。京都の[あいつのラーメン かたぐるま]で腕を磨いた店主が、師匠譲りの豚骨魚介スープに、貝の旨みを足すという独自のアレンジを加え、幅広い層に愛されるやさしい味わいに。まるで、修業時代は通勤に毎日2時間掛けたという店主のまじめな人柄が一杯のラーメンに映し出されているかのようだ。定番の我豚ラーメンのほか、パストラミ風にレアに仕上げられたチャーシューメン1000円などもおすすめ。

MAP／P109-18

**うちのラーメン
我豚**
うちのラーメン がとん／守山

☎無
守山市浮気町321-26 吉川ビル101
11:00～14:30(LO／14:15)
月・土曜のみ18:00～21:00(LO／20:45)
日曜11:00～15:00(LO／14:45)
木曜休　全席禁煙　完全個室無
P有(飲食された方のみ30分無料)
Instagram／uchinoramengattonで検索

その他のおすすめメニュー
チャーシューメン1000円
ラーメンDATA
麺:ストレート(中太)　スープ:豚骨、魚介

ラーメン界のマルチプレーヤー

どろ豚
850円（税込）
豚骨と鶏清湯の合わせ技で濃厚でも飽きのこない味わいに。鉢の底にはチーズが潜んでいる

鯛油そば
850円（税込）
鯛の香りが濃密に漂う贅沢な一杯。背脂や柚子胡椒、鶏油と一緒に極太麺に絡めて味わう。「Leafを見た」で味玉かチャーシューをプレゼント

個性きらめく一杯を世に放つ

宇治・小倉で人気を博した「てっぺん」が、店主の地元である久御山へ移転。ラーメン・つけ麺・油そばと、麺も違えばスープも違う個性豊かな一杯を変幻自在な製法で披露する。ラーメンでは京赤地鶏のガラを使ったとりとん850円（税込）、パルメザンチーズが隠し味のどろ豚が代表作。また、鯛や鰹のアラを贅沢に使用した魚介系限定麺も大きな反響を呼んでいる。自慢の麺は北海道産小麦を使い、いずれも大盛り無料。チャーシューは部位の異なる2種類を添えるなど、店主のサービス精神も旺盛。

MAP／P104-05・3B

てっぺん
てっぺん／久御山

☎0774・45・5622
久世郡久御山町林北畑91-1
クレス久御山103
11:30〜14:30
17:30〜22:00
不定休　全席禁煙
完全個室無　P9台
Facebook／
らーめん屋　てっぺんで検索

その他のおすすめメニュー
とりとん850円、中華そば750円（すべて税込）
ラーメンDATA
鯛油そば　麺：ストレート（極太）　スープ：鯛
どろ豚　麺：ストレート（中太）　スープ：鶏ガラ、豚骨

MAP／P107-13・4B

麺屋昊鶏
めんやそらどり／甲西

☎0748・69・5202
湖南市中央2丁目94-1
11:00〜15:00(LO／14:50)
18:00〜21:00(LO／20:50)
木曜休　全席禁煙
完全個室無
P6台
Twitter／menyasoradoriで検索

その他のおすすめメニュー
神鶏セメント800円、昊鶏魚貝麺750円、タレ鶏カツ480円
ラーメンDATA
麺：ストレート(細)　スープ：鶏ガラ、鶏身、野菜

鶏を極めた型破りなスープが魅力

空をはばたく鳥のように自由な発想で多種多様なラーメンを展開。フワフワと泡立つ鶏白湯の「昊鶏麺」を中心に、レンゲが立つほど高粘度の「神鶏セメント」、山海のエキスを凝縮した「昊鶏魚貝麺」など、個性豊かな一杯を存分に楽しめる。また、ラーメンを注文すれば、セルフサービスでライスと漬物が食べ放題。サイドメニューには揚げてどっぷり中濃ソースに浸した「タレ鶏カツ」がおすすめ。

まろやかなスープ

昊鶏麺 750円
鶏ガラ＋鶏身＋3種の野菜のまろやかスープが自慢。こってりのようでいて後味はあっさり

"夢"を応援するタンメンが誕生

滋賀県下でおなじみの「バリバリジョニー」の次なる一手は、なんと"夢"がテーマ。たっぷりキャベツ&豚肉オンリーの特製タンメン一本勝負で、鉢の底に"夢"の文字が出た人は大当たり。その場でもらえるカードに自分の夢を書き込んで次回の来店時に持参すると、タンメンを1杯無料でサービスしてくれる。5杯につき1杯当たる確率で、当選者のみ裏メニューのあんかけタンメンもオーダー可能。豚骨&鶏ガラのWスープは女性好みのあっさり味で、0辛〜5辛まで辛さをセレクトできる。

オカモトタンメン 650円
芳醇という表現がしっくりとくるスープ。自家製の平打ち麺のシコシコした歯触りも秀逸

キャベツと豚肉のハーモニー

MAP／P109-19
オカモトタンメン。
オカモトタンメン／彦根

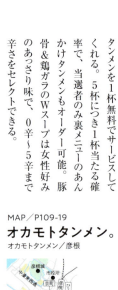

☎0749・26・5166
彦根市里根町257-1
10:00〜22:30(LO)
土・日曜休　全席禁煙
完全個室無　P21台
Instagram／okamoto_tanmenで検索

その他のおすすめメニュー
唐揚げ定食930円、ブラックチャーハン定食830円

ラーメンDATA
麺:平打ち(細)　スープ:豚骨、鶏ガラ

至高の旨さ

ボリューミーなピリ辛まぜそば

豚骨ラーメンと台湾まぜそばの2大メニューが人気の店。こく旨とんこつスペシャルなど旨みが染み渡る豚骨ラーメンはもちろん、本場さながらの台湾まぜそばが存在感を放つ。甘辛の豚ミンチ、焼き海苔、生玉ねぎ、煮干しの削りを全粒粉の太麺に絡めながらいただけば、箸がすすむほどに旨みがアップ。辛さも選べるので、好みのレベルを選んで。夏は、ご当地名物の鮒ずしが入った鮒ずしラーメン(冷製)も登場。また、ラーメン1杯に付きごはん1杯無料サービスもあり。

台湾まぜそば(並)
900円(税込)

ピリッと辛い豆板醤の入った豚ミンチ、生卵などの具材を豪快に混ぜていただく

MAP／P108-15
麺屋 いち源
めんや いちげん／草津

☎077-599-0901
草津市野路東5-16-24
11:30〜15:00、18:00〜22:00
不定休
全席禁煙
完全個室無
P5台
Twitter／menya_ichigenで検索

その他のおすすめメニュー
台湾ミックスベジA(並)1000円、こく旨とんこつ750円(すべて税込)

ラーメンDATA
麺：ストレート(太)　スープ：豚骨

野菜の旨みとコクのある一杯

タンメン(並)
650円

特製醤油ベースのあっさりスープは、近隣のOLさんからも好評。トッピングのおすすめは生卵。

京都人がこよなく愛する
醤油×細麺でタンメンを

関東で根強い人気を誇るタンメンは、野菜を煮込んで作る塩味が一般的。対してこちらのタンメンは京都で馴染みのある鶏ガラ醤油系ラーメンの流れを汲むテイスト。鶏ガラの旨みと豚バラ、白菜、ニラ、ニンジンの甘みが一体となったスープに、特製辛ダレをのせるのもまたオリジナル。辛さは1辛〜5辛までの無料、+50円の10辛、+100円の20辛まであるのでお好みで選ぼう。ニンニク不使用の餃子も絶品なので、レモンサワーで餃子をつまみつつタンメンを待つというのがベストかも!

MAP／P103-04・2C
タンメンと餃子KIBARU
タンメンとぎょうざキバル／四条新町

☎075・211・6778
京都市下京区四条通新町西入ル郭巨山30
11:00〜23:00
不定休
全席禁煙
完全個室無
P無
Instagram／kibaru_kyotoで検索

その他のおすすめメニュー
餃子(7個)320円、肉味噌ごはん350円
ラーメンDATA
麺:ストレート(中細)　スープ:鶏ガラ

あっさり風味に味噌の香ばしさ

味噌の香りに誘われて

祇園白川ラーメン
ぎおんしらかわ ラーメン／古川町商店街

MAP／P102-03・1B

☎075・541・3939
京都市東山区稲荷町北組567-26
11:00～22:00（LO／21:30）
無休
全席禁煙
完全個室無
P無
https://gion-shirakawa.com/

その他のおすすめメニュー
唐揚げ（5個）400円、チャーシュー丼500円

ラーメンDATA
麺：ストレート（中太）　スープ：豚骨、ダシ（魚介、昆布、イワシ）

古川町商店街にオープンしたラーメン店。商店街の活性化の一環としてスタートし、店主と料理長が激戦区の札幌の店で修業を積んだ。現地で学んだ味噌の味をベースに、京都に馴染むラーメンを考案。吟味して選んだ味噌を一気に炒めた香ばしさ、ネギの代わりに水菜、自家製チャーシューにおろし生姜をのせ、濃厚にしてクセの少ない一品に仕上げた。清潔感のある空間も相まって女性客にも人気。醤油味もあり。

味噌ラーメン（煮卵付き）
900円
味噌の香ばしさが特徴。水菜や生姜をあしらい、コクがありつつあっさり風味が女性に人気

濃密な醤油の香り

早起きした朝に1杯のシアワセを

早朝7時から"朝ラー"を堪能できると早くも話題に。目覚めて間もない胃にすんなり収まる醤油そばが評判で、名古屋コーチンなど銘柄鶏の清湯と数種の節から煮出した和ダシがベース。鉢に顔を近づけた途端、地元愛荘町の［丸中醤油］など3種類の醤油が香る一杯を披露してくれる。麺は毎朝打ちたてで、加水率を低くして小麦本来の風味を感じる味わいに。また、ラーメンと双璧を成すほど人気のローストポーク定食は、肉厚の三元豚をトリュフ塩・ポン酢・生姜ソースで楽しめる。

MAP／P107-13

自家製麺と定食 弦乃月
じかせいめんとていしょく げんのつき／愛荘町

☎ 非掲載
愛知郡愛荘町東円堂2511-16
すまいるモール3号
7:00〜15:00 ※売り切れ次第終了
不定休　全席禁煙
完全個室無　P有（共用）
Instagram／gennotukiseimenで検索

その他のおすすめメニュー
醤油そば800円、メンマそば1000円、
ローストポーク定食1000円

ラーメンDATA
麺：ストレート（中細）
スープ：鶏、和だし

肉そば
1100円

8時間低温調理のやわらかチャーシューがびっしり。仕上げに自家製ポルチーニオイルで香り付け

京らぁ～めんの スペシャルな一杯

祇園本店を含め、現在関西に9店舗を展開。日本最大級のイベント「東京ラーメンショー2019」に出店するなど、全国に人気が轟く京らぁ～めん。河原町三条店のイチオシは、弾力ある自家製の低温熟成麺、鶏ガラと野菜の品に仕上げた鶏白湯スープに、長時間煮込んだ厚切りチャーシューをのせた、とろ旨ちゃあしゅうめん。あっさりを極めた神様の中華そばも女性客に人気だ。またお腹に余裕があるなら、京の米老舗「八代目儀兵衛」とのコラボによる贅沢焼きめしもぜひプラスしたい。

らぁ～めん京 河原町三条店
らぁ～めんみやこ かわらまちさんじょうてん／三条河原町

☎075・241・3850
京都市中京区三条通河原町東入ル中島町75
11:00～22:30(LO／22:00)
無休
禁煙席有　完全個室無　P無
http://ramen-miyako.com/

その他のおすすめメニュー
京らぁ～めん720円、絶品卵かけご飯300円

ラーメンDATA
麺:ストレート(細)　スープ:鶏ガラ、野菜

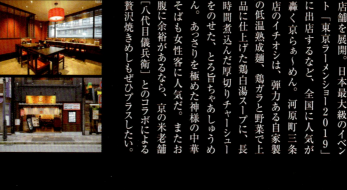

とろ旨ちゃあしゅうめん　950円
トロトロに煮込んだ厚切りチャーシューの下から、薄切りチャーシューが現れる豪華版京らぁ～めん

やさしい鶏白湯に とろける旨みをON

京都・滋賀
うまいラーメン

いつどの時代も老若男女に愛されるラーメン。背油チャッチャ系から鶏白湯系、豚骨系、油そばまで、一口にラーメンと言ってもその可能性は多岐に渡る。店主渾身の一杯をいざ食さん！

KYOTO

中京区
左京区
上京区
東山区
下京区
伏見区
北区
西京区
右京区
南区
山科区
京都の郊外

SHIGA

大津
湖南
湖東
湖北

自由奔放 中京区
NAKAGYOKU

他府県から参入する実力店も多いエリア。界隈で働く人に嬉しい、昼に一杯、夜は飲んだあとの締めに一杯という使い方だってできる。

海のミルクの
豊饒な味わいに脱帽

牡蠣そば 850円
スープにとろりとかかった牡蠣ペーストがポイント。コシの強い細麺に絡めて味わって

MAP／P103-04・1A
ラーメン 靄レ空
ラーメン はレそら／二条

木目調のおしゃれな空間で、女性からの人気も高い一軒。3周年を機に大幅なリニューアルを試みたラーメンは、牡蠣の煮干しから抽出したダシと丹波黒どりの清湯からなるWスープの牡蠣そばが自慢。あっさりと淡麗な味わいを楽しんだのち、少しずつ牡蠣ペーストを溶かし入れ、重厚でクリーミィな味の変化を満喫できる。"やさしい味を追求した"という貝柱＆海老だしの淡彩塩そばもイチオシ。

☎非掲載
京都市中京区西ノ京永本町23-20
11:30〜15:00
18:00〜22:00(LO／21:40)
月曜休(祝日は営業、翌火曜休)
全席禁煙
完全個室無　P無
Twitter／RAMEN_HARESORAで検索

その他のおすすめメニュー
淡彩塩そば800円、中華そば800円、辛まぜそば850円
ラーメンDATA
麺：ストレート(細)　スープ：牡蠣煮干し、鶏

京都

麺匠 たか松 KAWARAMACHI
めんしょう たかまつ カワラマチ／河原町蛸薬師

MAP／P102-03・2A

京都と大阪で展開する人気のつけ麺店[麺匠 たか松]が、河原町のど真ん中に新店舗をオープン。鶏ガラと数種類の魚介節から生まれる独自のスープをはじめ、石臼で丁寧に挽いた長野県産小麦の全粒粉を使う麺など、こだわりが詰まったつけ麺は必食！ KAWARAMACHI限定の塩らぁ麺極みは、国産丸鶏とハマグリを使用した、あっさりかつコク深いスープが魅力。

☎075・253・6773
京都市中京区奈良屋町302-1
11:00～23:00(LO)
無休　全席禁煙
完全個室無　P無
https://mensho.net/

その他のおすすめメニュー
つけ麺870円(税込)

ラーメンDATA
麺:ストレート(細)　スープ:鶏ガラ、魚介

こだわり抜いた塩ラーメンの雄登場

塩らぁ麺 極み　790円(税込)
KAWARAMACHI限定メニュー。ハマグリと丸鶏のスープはクセもなく飲み干せるほどの美味しさ

甘辛い鯖が黄金スープと好相性

さばラーメン　850円
上品な甘さの鯖はもちろん、小松菜、白ねぎのシャキシャキ食感がクセになる

麺や ぶたコング
めんや ぶたコング／河原町丸太町

MAP／P100-01・4A

昼は、ニシンそばを連想させるほどあっさりとしたSABA Noodleで勝負する新星。黄金色のスープには、特級鯖節と上質の羅臼昆布のみを贅沢に使用。のど越しのよい中細ストレート麺、ホロリとほぐれる鯖煮付けが三位一体となり口いっぱいを幸せで満たしてくれる。夜に生姜醤油ラーメンや豚骨ラーメンもあり。

☎075・256・1339
京都市中京区河原町通竹屋町上ル大文字町234
11:00～15:00
18:00～22:00
日曜休　全席禁煙
完全個室無　P無
http://butakong.jp/

その他のおすすめメニュー
特濃さばラーメン850円、旨豆腐(冷奴)150円

ラーメンDATA　麺:ストレート(中細)　スープ:薄口醤油

麺処むらじ 室町店
めんどころむらじ むろまちてん／室町蛸薬師

MAP／P103-04・2C

祇園の人気店[麺処むらじ]の2号店で、レトロモダンな建物の1Fにカウンター席、2Fにテーブル席を用意する。国産の鶏ガラなど厳選したこだわり素材をじっくり煮込んだ鶏白湯スープは、濃厚ながらも後味はスッキリで、ストレートの中細麺との相性も抜群。来店の6割を占める女性にも人気の見た目にもキュートな檸檬ラーメンがおすすめ。

☎075・212・9911
京都市中京区山伏山町536
11:30～15:00(LO／14:30)
17:00～22:00(LO／21:30)
土・日曜、祝日11:30～22:00(LO／21:30)
不定休　全席禁煙　完全個室無　P無
Instagram／kyoto_gion_ramen_murajiで検索

その他のおすすめメニュー
鶏白(しろ)ラーメン830円、むらじの鶏唐揚げ600円

ラーメンDATA　麺:ストレート(中細)　スープ:鶏ガラなど

濃厚ながらスッキリの絶品鶏白湯

檸檬ラーメン　880円
輪切りにした檸檬をたっぷりトッピング。鶏白湯スープの濃厚な風味に爽やかさを添える

淡麗モツラーメン
850円
新鮮な和牛にキリっと醤油を利かせた煮込みをトッピング。スープはサッパリとした旨み

上質を極めた独自の麺とスープを

MAP／P102-03・1A
名前も看板もございません
なまえもかんばんもございません／三条木屋町

ラーメン店のイメージを一新するスタイリッシュな空間が印象的。鮮度の良い厳選素材を用いたグレードの高い一杯が味わえる。注目はごぼう粉末を練り込んだモッチリとした食感で、スープによく絡む秀逸な自家製麺。人気の淡麗スープは京都の湧き水で鶏モモから抽出した雑味のないきれいな味わい。店名の通り看板もないので通り過ぎないように注意。

☎無
京都市中京区恵美須町534-31
CEO木屋町ビルB1F
11:30～15:00(LO／14:50)
18:00～22:00(LO／21:50)
土・日曜11:30～21:00(LO／20:50)
無休　全席禁煙
完全個室無　P無

その他のおすすめメニュー
素揚げ野菜トッピング300円
ラーメンDATA
麺:ストレート(太)　スープ:鶏モモ、肉、魚介、醤油

鶏煮干しそば
800円
麺の上にのるのは、じんわりと旨みが広がる豚肩ロースと鶏ムネ肉のダブルチャーシュー

雑味を感じさせない繊細な清湯

MAP／P102-03・2A
麺処 蛇の目屋
めんどころ じゃのめや／西木屋町四条

フランス料理店などで修業した店主が作る清湯スープが人気の注目店。煮干しと地鶏を使った清湯は、低温で煮出し、煮干しのえぐみが出ないよう細心の注意が払われ、スープをすすると、数種類をブレンドした醤油とともに滋味豊かな味わいが広がる。麺も国産小麦で自家製するなど、随所に店主のこだわりが垣間見える。

☎無
京都市中京区西木屋町通四条上ル紙屋町672 永原ビル1F
11:30～23:00(LO)
金・土曜、祝前日～24:00
不定休　全席禁煙
完全個室無　P無
Instagram／jyanomeya31で検索

その他のおすすめメニュー
鶏白湯800円、鶏そば850円、名物鶏飯セット+350円
ラーメンDATA
麺:ストレート(中細)　スープ:鶏、煮干し

担々麺(並)
750円
新鮮な野菜を使ったスープはまるでポタージュのような舌触り。中国山椒が食欲をそそる

ポタージュのようなまろやか担々麺

MAP／P103-04・1B
匹十
ぴーと／三条会商店街

新鮮な地場野菜をベースにしたスープが特徴の担々麺(並)750円は、まろやかながらも、後にじんわりと辛みが追いかけてくる味わい。店主は肉の卸売りも手掛けており、焼肉丼700円など、そのルートを活かしたメニューもラインナップ。裏メニューの肉そば800円(数量限定)は「そこそこいい牛肉を使っている」という楽しみな一杯だ。

☎090・7367・4076
京都市中京区西ノ京南聖町21-52
11:30～14:30
土・日曜、祝日～15:0　月曜休
全席禁煙　完全個室無　P無

その他のおすすめメニュー
焼肉丼700円、裏メニューの肉そば800円(数量限定)
ラーメンDATA
麺:ストレート(細)　スープ:豚骨、鶏、昆布、魚介

京都

麺Laboratory 洛中その咲
めんラボラトリー らくちゅうそのさき／大宮

MAP／P103-04・1B

新感覚の極太麺と麺に絡む味わい深いスープが評判。驚くべきは製麺だけでなく、小麦の製粉まで店内の石臼で行うほどのこだわり。北海道産ハルユタカなど厳選した小麦の香りが逃げないようゆっくりと低温のまま挽き、貴船のご神水を合わせている。国産烏骨鶏（うこっけい）と地鶏を合わせた贅沢なスープも、この店でしか味わえない唯一無二。

☎無
京都市中京区壬生馬場町24-4
11:30～15:00
金曜18:00～20:30
土曜11:30～15:00
18:00～20:30
※不定休で夜営業
火曜休　全席禁煙
完全個室無　P無
Twitter／2show_sonosakiで検索

その他のおすすめメニュー
jidorich silky850円
Ike_men（つけ麺）～出汁と地鶏とはるゆたか二種盛り～1000円

ラーメンDATA
麺：手もみ（太）　スープ：丸鶏、醤油

モッチモチの極太麺がクセになる

mocchirich East（醤油）
850円

ハルユタカに古代小麦を使用した、独特の食感。添加物や化学調味料は一切不使用

ラーメンムギュVOL.2
ラーメンムギュボリュームツー／烏丸蛸薬師

MAP／P103-04・2C

スタイリッシュな雰囲気の店は女性一人でも入りやすい雰囲気で、純系名古屋コーチンを贅沢に使ったコクのあるラーメンを楽しめる。濃厚鶏そばは、コラーゲンもたっぷりの濃厚スープと細麺の相性の良さを堪能できる一品。とろとろ味玉やワンタンなどのトッピングや、〆のごはんがわりにはバゲットなどを別オーダーするのもおすすめ。

☎075・221・2588
京都市中京区一蓮社町298-13
11:00～15:00
18:00～24:00
（LO／23:30）
水・日曜は11:00～15:00
※チャーシュー売り切れ次第終了　無休　全席禁煙
完全個室無　P無
https://mugyu.jp/shop/vol2/

その他のおすすめメニュー
オニバラ（白、黒）各850円、こげ飯200円、フライドチキン100円

ラーメンDATA
麺：ストレート（細）　スープ：鶏ガラ、香味野菜

コーチンの旨み溢れる至福の一杯

濃厚鶏そば
850円

鶏と香味野菜の旨みがたっぷりの濃厚スープに、独自ブレンドの細ストレート麺がマッチ

拳10ラーメン
こぶとんラーメン／御前三条

MAP／P103-04・1A

豚骨ベースの白湯スープに豚の肉片を加え、濃厚に仕上げた豚10ラーメンが看板メニュー。ずっしり濃厚な味わいで、豚骨の旨みが凝縮、一口食べるとクセになる味わいだ。女性店主が切り盛りするため、女性客の姿が目立つのもこの店ならでは。清湯スープを使った、あっさり系ラーメンも試してみて。

☎075・821・7628
京都市中京区壬生中川町10-6 川島ビル1F
11:30～14:30
18:00～22:00
木曜休　全席禁煙
完全個室無　P無
Facebook／拳10ラーメンで検索

ラーメンDATA
麺：ストレート（太）　スープ：豚骨

豚肉が決め手特濃スープ

豚10ラーメン
850円（税込）

豚肉が溶け込んだスープは、まるでポタージュのようなクリーミーさ。シャキシャキの赤玉ねぎがアクセント

海老とんこつ
ラーメン(醤油)
750円(税込)

強い海老の風味が食欲をかきたてる一杯。海老が好きという方には、ぜひオススメ

MAP／P102-03・1A
らーめん 一義
らーめん いちよし／姉小路河原町

豚骨と鶏ガラベースのスープに炒った甘海老を加えることで、鮮烈に立ち上がるエビ独特の香りは、いつまでも後を引く味わい。細麺との相性が良く、ちょうど良いバランスで濃厚なスープと絡んでくれる。海老とんこつラーメンは醤油と味噌の2種で、ラーメン店には珍しいソース焼きそばも提供する。

☎無
京都市中京区姉小路通
河原町西入ル下本能寺前町492
11:30～22:00(LO)
※日によって14:30～17:00休
月曜休　全席禁煙　完全個室無　P無

海老の旨みと香りにおぼれる一杯

その他のおすすめメニュー
とんこつ醤油ラーメン700円、ソース焼きそば700円、替え玉150円(すべて税込)
ラーメンDATA
麺:ストレート(細)　スープ:豚骨、鶏ガラ、海老

MAP／P104-05・1B
八の坊
はちのぼう／円町

店外にまで漂う豚骨の香りに誘われて暖簾をくぐると、白を基調とした内装に黒板にチョーク書きのメニューなど、まるでカフェを思わせるような洒落た空間がお出迎え。人気はモチッとした太麺に、これでもか！というほどスープが絡む豚だくカプチーノそば。厚めのチャーシューはトロトロ。唐揚げなど充実のサイドメニューも嬉しい。

☎非掲載
京都市中京区西ノ京伯楽町22-9
11:30～14:30(LO／14:15)
18:00～22:00(LO／21:45)
水・第3火曜休
全席禁煙
完全個室無
P無

その他のおすすめメニュー
豚そば750円
ラーメンDATA
麺:ちぢれ(太)　スープ:豚骨

あわあわの豚骨スープに悩殺必至

豚だくカプチーノそば
850円

クリーミィな豚骨スープにモチモチした太めの麺が絶妙に絡み、汁まで完食してしまう

コク深いスープと希少部位が競演

とろ肉チャーシューメン
930円

豚骨と鶏ガラを合わせたにごりスープと、ウデのトロ肉が旨みのハーモニーを奏でる

MAP／P103-04・2B
元祖熟成細麺 香来 壬生本店
がんそじゅくせいほそめん こうらい みぶほんてん／四条大宮

澄んだ鶏ガラから豚骨、激辛までさまざまなスープを揃え、幅広い層から愛されている。じっくり寝かせて熟成させた麺は細くても、モチモチの食感を失わず、スープによく絡む。希少部位であるウデ肉のとろ肉を贅沢に使ったチャーシューはボリューム満点。旨みたっぷりの白身の脂がスープに溶け込み、甘みとコクをしっかりと味わえる。

☎075・822・6378
京都市中京区壬生馬場町35-5
11:00～翌3:00　水曜休　禁煙席無
完全個室無　P有(契約駐車場)
Instagram／ko__raiで検索

その他のおすすめメニュー
ラーメン680円、台湾ラーメン680円、香来麺780円
ラーメンDATA
麺:ストレート(細)　スープ:鶏ガラ、豚骨

ラーメン 並800円
背脂のコクと豚の甘みの調和が抜群。スープと煮込んだチャーシューがボリュームを添える

祇園の人気店の味をランチ限定で

MAP／P103-04・2B
京ラーメン壬生 さだかず
きょうラーメンみぶ さだかず／壬生

祇園で夜3時間のみの営業で知られる[さだかず]の2号店は、ランチのみ2時間限定で営業。細い小路に見える黄色の外観が目印で、清潔感のあるこぢんまりとした店内はカウンター7席のみ。「週1回食べても飽きのこないように」と鶏ガラスープ、背脂、中細麺のオーソドックスな京都ラーメンを提供する。ラーメンは「並」と「特製」から選べる。

☎無
京都市中京区壬生坊城町55-5
11:30～13:30※売り切れ次第終了
日曜、祝日休　全席禁煙
完全個室無　P無
Facebook／京ラーメン壬生 さだかずで検索

その他のおすすめメニュー　特製1000円
ラーメンDATA
麺：ストレート（中細）　スープ：鶏ガラ

MAP／P102-03・1A
麺屋キラメキ －京都三条－
めんやキラメキ きょうとさんじょう／河原町三条

繁華街で営む[キラメキ]グループの6店舗目。定番の鶏白湯らーめん（並）780円に加え、鶏白湯の濃厚なスープに歯応えある中太麺を合わせた濃厚担々麺が人気を集める。発祥の店として知られる名古屋の[麺屋はなび]直伝の台湾まぜそばも、外せないメニューの一つで、ニンニクの香りが利いた旨辛の味わいに中毒になってしまうリピーターも多いそう。

☎075・744・6199
京都市中京区河原町通三条上ル恵比須町435-3
11:00～23:30(LO)
無休
全席禁煙　完全個室無　P無
https://kirameki-mirai.co.jp/

その他のおすすめメニュー
台湾まぜそば780円、鶏からあげセット（からあげ4個、ごはん）250円
ラーメンDATA　麺ストレート（中太）　スープ：鶏白湯

2年掛けて味を追求した担々麺

濃厚担々麺（大） 980円
シコシコした麺は100%北海道産小麦。濃厚スープ、豚挽き肉との相性が考え尽くされている

カラシビ担々麺 930円
爽やかな花椒の香りと共にピリピリと舌が痺れる感覚が快感。〆はごはんを入れてクッパ風に

スープの中でこだわり食材が総出演

MAP／P103-04・1C
担々麺専門店 煌力
たんたんめんせんもんてん ごうりき／西洞院姉小路

"担々麺は健康食"という信念のもと、煎り立て挽きたての白胡麻とカシューナッツ、酢、自家製ラー油をバランスよく配合した一杯を提供。ふくよかな甘みのあとをじんわり辛みが追いかけるThe担々麺を筆頭に、最近では上質の四川漢源山椒など3種類の花椒を使用したカラシビ担々麺も人気。スタッフに女性が多いせいか女性の一人客が多く、黒ウーロン茶のサービスも嬉しい限り。

☎075・241・7724
京都市中京区西洞院通姉小路下ル姉西洞院町545
ホワイトプラザ1F
11:30～15:00
17:30～22:00(LO／21:30)
無休　全席禁煙
完全個室無　P無
Instagram／goriki_kyotoで検索

その他のおすすめメニュー
The担々麺800円、〆ごはん＋200円、持ち帰り担々麺750円
ラーメンDATA
麺：ストレート（極細）　スープ：鶏ガラ、豚骨、野菜

強豪連ねる左京区

SAKYOKU

京都のラーメン街道と言えば一乗寺。昔から愛されている名店から話題の新星まで、実力派が集う激戦区へいざ。

らーめん かさん

らーめん かさん／今出川白川

MAP／P100-01・3C

店主・松尾健さんは、鯖寿司の老舗に20年勤めた経歴の持ち主。長年自宅で本格ラーメンを自作し、家族で楽しんでいたという。その頃からのレシピを改良し、国産鶏とたまり2種を含む全5種類の醤油を駆使した鶏白湯醤油らーめんほか、鶏塩、節系だけでとった節らーめん、つけめんなどを提供する。壬生の[松葉屋製麺]で特注する麺も、まったりやさしいスープと見事に溶け合うようなバランスの良さ。脂ノリの良さが光る焼きサバ寿司など、サイドメニューにも手が伸びること間違いなし。

☎090・3655・3419
京都市左京区北白川久保田町60-10
11:00～16:00、18:00～22:00
木曜休
全席禁煙
完全個室無　P無

その他のおすすめメニュー
節らーめん750円、鶏塩らーめん750円、つけめん900円

ラーメンDATA
麺：ストレート（中細）　スープ：鶏白湯、醤油

和食料理人から自作を経て、無化調の食べたい味を探究

鶏白湯醤油らーめん
750円

肩ロースの叉焼や、水菜、白ねぎも名脇役。布巾絞りの炙りサバ寿司350円

京都

めんや龍神
めんやりゅうじん／下鴨

MAP／P100-01・2A

看板メニューの龍神そばは、厳選した鶏ガラと豚骨をじっくり煮込んだ白湯スープがクセになる一杯で、特別ブレンドの山椒やお酢などを加えて味の変化を楽しむのもおすすめ。あっさりがお好みなら清湯と魚介のスープをブレンドした中華そばを、濃いめの一杯を食べたい日には、鶏ガラや豚骨の旨みが凝縮された「超！こくどろ鶏豚そば」をどうぞ。

☎075・707・4114
京都市左京区下鴨西半木町88
11:00～14:30(LO)、17:30～23:00(LO)
不定休　全席禁煙　完全個室無　P無
Facebook／めんや龍神で検索

その他のおすすめメニュー
龍神そば790円、超！こくどろ鶏豚そば790円

ラーメンDATA
麺(太さ):ストレート(中細)　スープ:鶏ガラ、豚骨

濃厚で雑味のないスープが自慢

中華そば 790円
チャーシューは、半日以上煮込んだバラ肉と、希少なバラ先の軟骨煮込みの2種類が乗る

飽きが来ない京都ラーメンの原点

中華そば(並) 750円
スープやチャーシューなど昔ながらの作り方を貫く一杯は、素朴で郷愁を誘う味わい

中華そば 一番星
ちゅうかそば いちばんぼし／岡崎

MAP／P100-01・4C

屋台を振り出しに、昭和50年から店を構える同店は京都ラーメンの先駆け的な存在。鶏の胴ガラをベースに豚骨を合わせたスープは、あっさりとした味わいで、いつ食べても飽きが来ない。ラーメンには老舗[加藤順漬物店]の柴漬けが添えられ、味覚のアクセントに。チャーシューメンは1000円、ライス(小)150円。＋50円でゆで卵をトッピングできる。

☎075・751・9692
京都市左京区岡崎北御所町28-4
11:00～15:00、16:30～19:00
水曜夜、木曜休(第2・3水・木曜連休)
全席禁煙　完全個室無　P4台

その他のおすすめメニュー
チャーシューメン1050円

ラーメンDATA
麺:ストレート(細)　スープ:鶏ガラ、豚骨

MAP／P100-01・2B
麻辣湯麺BAOBAO
まーぼーたんめんバオバオ／一乗寺

今年2月、ブームになりつつある麻辣湯麺を引っさげ、一乗寺ラーメン街道に登場。八角や桂皮、花椒など約20種の香辛料を加えた薬膳白湯スープをベースに、白身魚や水ギョウザなど豊富なトッピング108円〜を追加できる。飲茶などのサイドメニューも豊富で、中でもじっくり低温調理し、老酒などに漬けた蒸し鶏734円は、しっとりとした味わい。(すべて税込)

☎075・286・4658
京都市左京区
一乗寺大新開町21-5
11:30〜14:00(土・日曜〜15:00)
17:30〜22:00
月曜休
全席禁煙
完全個室有(要予約)　P無

その他のおすすめメニュー　魯肉飯(小)378円、油淋鶏410円、小籠包324円(すべて税込)
ラーメンDATA　麺:春雨　揚げ麺　中華麺(+108円)
スープ:鶏手羽、豚ミンチ、スパイス、香味野菜

麻辣湯麺
518円(税込)

トッピングを追加するごとに、より複雑な旨みが楽しめる一杯。麺は、春雨など複数用意

自由自在にトッピングや麺を選択

ラーメン(小)
800円

小とはいえ、麺300gでこのボリューム。写真はニンニク、野菜、脂、カラメマシマシ。スープはもちろん、チャーシューも絶品

日本一の高みを目指すJ系ラーメン

MAP／P100-01・1C
ラーメン池田屋 京都一乗寺店
ラーメンいけだや きょういちじょうじみせ／一乗寺

東京の有名店で修業を重ねた店主による、二郎系の正統派インスパイア店。豚の旨みと醤油のコクを合わせたスープは試行錯誤の末にたどり着いたこの店のオリジナルで、熱狂的なジロリアンから「本家を超えた」と評されることも。ニンニクが味を決める最後のピースなので、必ずオーダーを。

☎無
京都市左京区高野玉岡町33-9
11:30〜14:00、18:00〜24:00
不定休
全席禁煙　完全個室無　P無
Facebook／ラーメン池田屋で検索

その他のおすすめメニュー
汁なし850円、(プチ)780円
ラーメンDATA
麺:ストレート(太)　スープ:醤油

MAP／P100-01・4B
煮干そば 藍
にぼしそば あい／神宮丸太町

香川県伊吹産の片口鰯、道南と利尻の昆布二種のみで取ったスープに三河産白たまり醤油をベースとした4種類の醤油などを合わせた藍特製白ダレを使用。香味油には鶏油や煮干の香りをじっくり移した油を使っているので、淡麗ながらもコク深く、その他のメニューも濃厚なのに胃にもたれないよう、やさしい仕上がり。すべて化学調味料不使用というこだわりだ。

☎070・5503・2898
京都市左京区吉田下阿達町29-1
11:30〜15:00、18:00〜21:00
土・日曜、祝日11:30〜18:00
月曜、第1・3日曜休
全席禁煙　完全個室無　P無
Twitter／noodle_indigoで検索

その他のおすすめメニュー
濃い煮干しそば880円
ラーメンDATA
麺:ストレート(細)　スープ:煮干、昆布

煮干そば
770円

昆布2種と、煮干1種のスープに白醤油のかえしを合わせたスープはやさしい風味

深い旨みがたまらない煮干そば

京都

京都のラーメンを語るに外せない

天下一品こってり(並)
770円

鶏ガラと十数種類の野菜などから作られるこってりスープは天下一品の自慢。※価格は店舗により異なる場合あり

MAP／P100-01・2C
天下一品 総本店
てんかいっぴん そうほんてん／一乗寺

京都北白川発祥、屋台からはじまり今では京都ラーメンを語るには外せない「天下一品」。試行錯誤の上、約4年の歳月をかけて生まれたこってりスープは、こってりとした口当たりながらも後味はすっきりとしている。醤油ベースの「天下一品あっさり」や定食メニューもぜひ。

☎075・722・0955
京都市左京区一乗寺築田町94
メゾン白川1F
11:00～翌3:00(LO)
木曜休(祝日の場合は営業)
全席禁煙　完全個室無　P20台
https://www.tenkaippin.co.jp/

その他のおすすめメニュー
牛すじラーメン(並)1010円※天下一品総本店限定
ラーメンDATA
麺:ストレート(細or普通)　スープ:鶏ガラ、野菜

MAP／P100-01・4B
濃厚麺 楽楽楽 聖護院店
のうこうめん らくらくらく しょうごいんてん／東大路丸太町

チュルルン&プリプリの太麺は、京都では珍しい関東某有名製麺所から仕入れるもの。超高濃度の豚骨スープに麺が絡み、刻み柚子の清涼感も楽しいアクセントだ。ノーマルの麺250gがスルリとお腹に収まると、常連にも好評。割りスープを足して濃厚豚骨スープを最後の一滴まで楽しんで。名物のチャーシュー丼とセットでオーダーすれば満腹必至。

☎075・761・6353
京都市左京区聖護院西町18
11:30～14:00、18:00～23:00
不定休　全席禁煙　完全個室無
P無

その他のおすすめメニュー　超濃厚780円(夜のみ数量限定)、濃厚味噌850円
ラーメンDATA
麺:ちぢれ(太)　スープ:豚骨+魚介

濃厚豚骨つけ汁で特製の太麺を堪能

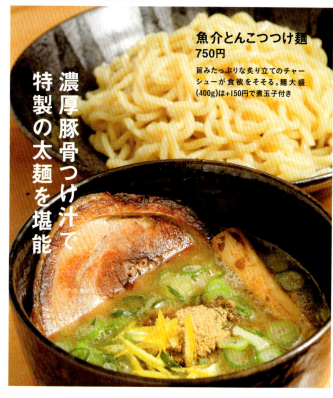

魚介とんこつつけ麺
750円

旨みたっぷりな炙り立てのチャーシューが食欲をそそる。麺大盛(400g)は+150円で煮玉子付き

あのボリュームを京都で味わう

ラーメン
780円

チャーシュー、大量のキャベツ、モヤシをかき分けるともっちり太麺が顔を出す。ニンニクもたっぷり※写真はイメージ

MAP／P100-01・2C
ラーメン二郎 京都店
ラーメンじろう きょうとてん／一乗寺

元祖"二郎"[ラーメン二郎 三田本店]で修業を積んだ店主が、京都店として暖簾分け。二郎の真骨頂であるインパクト、見た目のボリュームを受け継ぎながら、自家製の太麺、スープ、チャーシューと一つひとつこだわり抜く。分厚いチャーシューは通常2枚だが、"W豚"だと8枚に！ガツンっと胃袋を満足させてくれること間違いなし。

☎無
京都市左京区一乗寺里ノ前町4
11:00～14:00、17:00～21:30
日曜、祝日11:00～15:00
水曜休、他不定休有
全席禁煙　完全個室無　P無
Twitter／jiro_kyotoで検索

その他のおすすめメニュー　不定期で限定メニューあり
ラーメンDATA　麺:ストレート(太)　スープ:豚骨

汁なし担々麺(200g)
760円

自家製肉味噌ともっちり太麺の旨みを丸ごと味わって。胡麻風味のタレを混ぜてどうぞ

MAP／P100-01・3C

麺屋 びびび
めんや びびび／銀閣寺

フレンチで働いていた経験を活かし、ブイヨンをイメージして作る清湯スープは、鶏ガラをベースに香味野菜をたっぷり加えたもの。野菜の甘みや旨みを引き出しながら深みのある味わいに仕上げ、黒胡椒で引き締める。こってり派なら、鶏ガラや野菜を一気に炊き上げた白湯スープの「こってり」をどうぞ。鶏の旨みが詰まったスープは堪らない美味しさ。

☎無
京都市左京区
浄土寺西田町100-40 金子ビル1F
11:00〜15:00
18:00〜22:00
火曜休　全席禁煙
完全個室無　P無
Instagram／menya.bibibiで検索

その他のおすすめメニュー
こってり(醤油、塩)各800円、からあげ400円、手羽先400円
ラーメンDATA
麺:ストレート(中太〜細)　スープ:鶏ガラ、野菜

山椒のしびれる風味がクセになる

MAP／P100-01・3B

四川亭
しせんてい／元田中

メニュー構成は、13段階の辛さが選べる担々麺と汁なし担々麺、麻婆豆腐の3本柱といたってシンプル。看板メニューの担々麺は、辛さ控えめからハバネロを使った激辛まで好みに合わせてチョイスが可能。汁なし担々麺は、胡麻ペーストに山椒味噌を加えたしびれる風味のタレに、肉味噌の旨みや、ねぎの香りと食感が一つになった味わい深い一杯。

☎090・6905・5615
京都市左京区田中里ノ内町64
11:30〜14:30(LO／14:15)
18:00〜22:00(LO／21:30)
土曜11:30〜14:30(LO／14:15)
18:00〜21:00(LO／20:30)
日曜休　全席禁煙　完全個室無　P無
Twitter／kyotogoma8で検索

その他のおすすめメニュー　麻婆飯660円
ラーメンDATA
麺:ストレート(太)

どちらも食べたい清湯と白湯

あっさり醤油
750円

大量の鶏ガラとモミジ、野菜を、沸騰させずに煮込むことで、旨みのある澄んだスープに

とろみ濃厚鶏白湯にファン多数

濃厚鶏白湯そば
780円

低温で調理したしっとり食感の鶏ムネ肉と醤油で煮込んだモモ肉、2種のチャーシューを堪能して

MAP／P100-01・1C

めんや 鶏志
めんや けいし／東大路北泉

濃厚な鶏の旨みに魅了される濃厚鶏白湯そばが代表作。新鮮な国産さくらどりと京都の野菜を、長時間掛けて水から炊き出したとろみスープを堪能できる。鶏白湯をベースに、国産の煮干と節をブレンドした煮干しだしや、香ばしく焼き上げた海老を合わせた海老だしも。塩分控えめなので最後の一滴まで飲み干して。

☎075・712・4769
京都市左京区一乗寺
西杉ノ宮町31 1F
11:00〜22:00
水曜不定休
全席禁煙
完全個室無
P無

その他のおすすめメニュー
煮干し鶏そば(あっさり)700円、濃厚海老鶏そば880円
ラーメンDATA
麺:ストレート(太)　スープ:鶏ガラ、醤油

京都

リコピンたっぷり
ヘルシーな一杯

トマトラーメン
750円

選べるトッピングと、ひと口替飯50円
で〆のリゾットが楽しめる、2倍に美味
しい一品。写真は＋チーズ200円

MAP／P102-03・1B
いっちゃんラーメン
いっちゃんラーメン／東大路三条

レゲエバー出身の店主が、ラーメン好きが高じて開いた店。ジャマイカ料理のジャークチキンをアレンジした一杯で知られるが、女性にはトマトラーメンが人気。試行錯誤の末できたコクのある鶏豚骨スープに、和風だしとバジル、ホールトマトをたっぷり入れた洋風創作ラーメンは、アサリやジャークチキンなどのトッピング＋150円〜が選べるのも嬉しい。

☎非掲載
京都市左京区南門前町542-1
東山大長ビル1F
11:30〜14:00
19:00〜23:00
日曜夜、月曜休
禁煙席無　完全個室無　P無
Facebook／いっちゃんラーメンで検索

その他のおすすめメニュー　ジャークチキンラーメンスパイシーココナッツ900円、ジャークチキンラーメンスパイシーカレーココナッツ950円、ジャークチキン750円
ラーメンDATA　麺:ストレート（細）　スープ:鶏ガラ、豚骨、野菜

中華そば
740円

醤油ベースのスープは、老舗の精肉店やダシ専門店から素材を取り寄せ、奥深い味わい

厳選素材を使用
飲み干せる中華そば

MAP／P100-01・4B
中華そば みみお
ちゅうかそば みみお／近衛吉田東

京都大学のほど近くにあるこちらのラーメン店は、ラーメンはもちろん、ピータンやザーサイなどでお酒を楽しむのにもってこい。長年愛された中華そばはさらに研究を重ねたという。厳選した素材でクリアに仕上げたスープは最後まで飲み干せると人気。この他、唐辛子や中華調味料でパンチを利かせた期間限定の老拉面790円などが楽しめる。

その他のおすすめメニュー
名物チャーシュー麺980円、特製煮豚600円
ラーメンDATA
麺:ストレート（中細）　スープ:鶏ガラ、魚介

☎075・761・1088
京都市左京区吉田下大路町16
11:30〜14:30
17:30〜22:30
※売り切れ次第終了
月・火曜休
禁煙席有　完全個室無　P1台
Facebook／中華そば みみおで検索

満腹必至 上京区
KAMIGYOKU

腹ペコの学生たちの胃袋を満足させる一杯がずらりと並ぶ。家系ラーメンから二郎系、まぜ麺に鶏白湯までなんでもござれの上京区。

京都人も唸らせた家系ラーメン

MAP／P101-O2-3C

初代 麺家 あくた川
しょだい めんや あくたがわ／烏丸上立売

赤と白のねじりハチマキが特徴の店主の芥川さんが、東京・新中野[武蔵家]で修業し、京都では希少な家系を継ぐ一軒を開店。今や等持院、兵庫・西宮と3店舗を展開し、各店の店長がハチマキを受け継いでいる。本家よりまろやかに進化させた豚骨醤油スープともっちり麺が絡み合う一杯を求め、行列が絶えない。常連客の名前を張り出す店内にも注目！

☎075-411-9083
京都市上京区上立売東町44
11:30〜15:00
17:00〜22:00
日曜休
全席禁煙
完全個室無　P無
Facebook／麺家 あくた川で検索

その他のおすすめメニュー
並チャーシュー麺850円、並味玉黒らーめん750円
ラーメンDATA
麺：ちぢれ(細)　スープ：豚骨、鶏ガラ

並らーめん 650円
じっくり煮込む豚骨スープと家系ならではの『酒井製麺』が特徴。低温調理のチャーシューをのせて

塩らぁ麺 850円

まろやかな旨みが感じられるスープには、にがり塩とアンデス岩塩、クコの実を使用する

割烹料理人が手掛ける特製ダシ

MAP／P101-02・3C

一盌 清右衛門
いちわん せいえもん／新町寺之内

　ダシにこだわる和食の心を、確かな手技でラーメンに表現。割烹店を営んでいた店主による極みの一杯は、京都純鶏の鶏ガラスープをベースに鰹節や天然昆布、原木どんこ椎茸、干し海老、貝柱などからダシをとったスープが自慢。京都醤油、辛味噌、塩、どれをとっても感じられる旨みの相乗効果を楽しんで。Twitterフォロワー限定の本ゆず塩も必食。

☎無　京都市上京区寺之内通新町東入ル古木町40
11:00〜14:30(LO)
18:30〜21:00　※売り切れ次第終了
不定休　全席禁煙　完全個室無　P無
Twitter／IchiwanSEIEMONで検索

その他のおすすめメニュー
本ゆず塩らぁ麺950円、
太陽の恵みラーメン(トマト)950円

ラーメンDATA
麺:ちぢれ(中細)　スープ:鶏ガラ、豚骨

まぜ麺(温・並) 880円

チャーシュー、ねぎ、揚げごぼう、うに半熟卵と充実のトッピング。よく混ぜて召し上がれ

カスタマイズも楽しい和風まぜ麺

MAP／P100-01・4A

Japanese まぜ麺 MARUTA
ジャパニーズ まぜめん マルタ／河原町丸太町

　広島の店から暖簾分けしたこちらは、和風だしで提供されるまぜ麺が看板メニュー。鰹や魚介の旨みを加えた醤油だしを平打ち麺に絡めた基本メニューは、麺が冷か温、また麺の量や辛さを選べる上に、キャベツ、ねぎなどの追加トッピングでカスタマイズもできる。秋以降は昼もサイドメニューのオーダーができるようになり、気軽なサク飲みもOKに。

☎075・748・1961
京都市上京区丸太町通河原町西入ル
高島町338-3
11:30〜15:30(LO／15:00)
17:30〜23:00(LO／22:00)
不定休　全席禁煙　完全個室無　P無

その他のおすすめメニュー
からあげ1個150円、
炙りチャーシューごはん(小)250円

ラーメンDATA
麺:平打ち(太)　スープ:醤油だし

濃厚どろスープの
コクが自慢！

特製鶏白湯ラーメン
980円

濃厚スープが絡まるのど越しのいい麺は
［麺屋棣鄂］のウィング麺スリム

濃厚スープに隠れた
爽快な後味を

濃厚拉麺
800円

豚骨、鶏ガラ、牛骨の濃縮エキスに、魚介系素材を加えたこってり＋すっきりな一杯

MAP／P101-02・3C

麺屋 あかり
めんや あかり／新町上立売

　アパレル出身という異色の経歴を持つ店主による濃厚な鶏白湯。「どろリッチ」と称されるスープには、鶏ガラやモミジ、豚骨、豚足、昆布の旨みをじっくりと煮出している。異形断面のしこしこ細麺との相性も抜群だから、鶏ムネ肉と豚肩ロースの2種のチャーシューとともに堪能して。学生証を提示すれば、大盛りか小ライスが無料になるサービスも。

☎075・441・6516
京都市上京区上立売町1-7
瑞祥ビルB1F
11:30～24:00
金・土曜～翌2:00
不定休
全席禁煙　完全個室無　P無
Instagram／kyotomenyaakariで検索

〜〜〜〜〜〜〜〜〜〜

その他のおすすめメニュー
まぜ麺（1日10食限定）850円、鶏白湯つけ麺（塩・醤油）900円

ラーメンDATA
麺：ストレート（細）　スープ：鶏、豚

MAP／P101-02・4B

麺処 雁木
めんどころ がんぎ／智恵光院中立売

　動物性のダシを使わない「淡麗系」、動物だしと魚介だしのWスープの節系など多彩なメニューの中でも、常連イチオシは濃厚拉麺。豚骨と鶏ガラにゼラチン質の多い牛骨、さらには鯖節や鰹節、昆布などの魚介系素材を加え、ひと口目はこってりと、後口はすっきり。絡みのよいちぢれ麺をざぶざぶと浸し、一気にすすりあげるのが何よりの快感だ。

☎075・432・6011
京都市上京区多門町434
コスモ星の子ハイツ1F
11:30～14:30
18:00～22:30
火曜休　全席禁煙　完全個室無
P有（契約駐車場、飲食された場合コイン進呈）

〜〜〜〜〜〜〜〜〜〜

その他のおすすめメニュー
魚節醤油拉麺850円、淡口醤油拉麺780円、濃厚つけ麺900円

ラーメンDATA
麺：ちぢれ（中太）　スープ：豚骨、鶏ガラ、牛骨、魚介

京都

ダシと相性抜群！ささめんに夢中

焦がしねぎささめん
910円（税込）
「イメージは和風ラーメン」という、細切りねぎの焦がし油が香るラーメンのような一杯

にぼしらーめん
850円（税込）
自家製の極太麺と、がっつりと効いた煮干し＋醤油のスープが絶妙にマッチ。マシはもちろん全て無料

煮干しがガツンと自家製麺によく絡む

MAP／P100-01・4A
自家製麺 天狗
じかせいめん てんぐ／河原町荒神口

　明治創業の麺類や丼ものの店。麺はすべて自家製で、うどん、オリジナルの細い中華麺ささめんの3種類。鍋焼きなど煮込み系以外のメニューは、好きな麺を選ぶことができる。特にささめんは、昆布、鯖、ウルメ、メジカでとったあっさりしていてコクもあるダシに良くなじみ、のど越しがよい。家族で来ても良し。

☎075・231・1089
京都市上京区河原町通荒神口上ル東桜町39
11:30～14:00（最終入店）
17:30～20:00（最終入店）
※売り切れ次第終了
日曜休、祝日の夜休
時間により禁煙（11:30～14:00）
完全個室無　P無
Twitter／JikaseimenTENGUで検索

〜〜〜〜〜〜〜〜〜〜〜〜〜〜〜〜〜〜〜〜〜

その他のおすすめメニュー
大人の牛肉カレー950円（税込）
ラーメンDATA
麺：ストレート（細）　スープ：魚介類、昆布

MAP／P101-02・3C
中野屋 THE JIRO 今出川店
なかのや ザ ジロー いまでがわ／烏丸上立売

　いわゆる二郎系が苦手な人にも食べて欲しい、完成度の高いラーメン。スープは、上乾の煮干しを大量に使用し、奥深さとえぐみのないクリアな味わいに仕上げている。そこに香味オイルに魚粉を加えることで魚介の風味が溢れる一杯に。味の濃さや脂の量など迷ってしまうが、食べてから「もうちょっとマシて！」もOKだそう。京都駅前店や立命館衣笠店なども要チェック。

☎075・366・8644
京都市上京区北小路室町390-4
11:00～15:00(LO/14:30)
17:00～23:00(LO/22:30)
不定休
全席禁煙
完全個室無　P無
https://the-jiro.com/

〜〜〜〜〜〜〜〜〜〜〜〜〜〜〜〜〜〜〜〜〜

その他のおすすめメニュー
豚骨らーめん900円
ラーメンDATA
麺：ストレート（極太）　スープ：煮干し

10-FEETが食レポ!?
話題の店へ直撃!

ラーメンツウと噂の京都出身スリーピースバンド10-FEETが話題の店を直撃！それぞれ気になる一杯を注文し食レポに挑戦。、2019年秋には野外ワンマンライブの映像化を控えるなど今後の活躍にも注目が集まる！

NAOKI

10-FEET

京都市出身&在住、TAKUMA(vo.g.)、NAOKI(b.vo.)、KOUICHI(dr.cho.)によるスリーピースバンド。1997年結成。2000年に上京し翌年デビュー。3rdシングル『RIVER』発表後帰郷。シングル『その向こうへ』『太陽4号』など魂を感じる曲とともに、年間100本近くのライブ活動を行う中、2007年より野外フェス『京都大作戦』を主催。11年目を迎えた2018年は開催中止となったがDVD『京都大作戦2007-2016 〜心ゆくまでご覧な祭〜』をリリース。
https://10-feet.kyoto/

「あっさりな「ギフト」を選びました。濃厚なのも良かったですがコレで正解！」

「このぶ厚いチャーシュー旨い。醤油ラーメンってこんなおいしかったんやね。」

——みなさんラーメンはお好きですか？

3人「大好きです。」

NAOKI「定期的に食べますし、ライブ終わりで3人揃えばラーメン多いですね。」

KOUICHI「富山へ行ったら富山ブラック食べたくなるし。京都以外で食べたくなるラーメンもあります。」

TAKUMA「麺屋聖」のラーメンは、一口で瞬殺されました。そこから、ゆっくり胃袋の奥の方でおいしいと思わせてくれる感じですね。」

——10-FEETさんといえばですが、『京都大作戦2019～倍返しな祭～』はいかがでしたか？

TAKUMA「無事に開催出来てよかった！11年目を迎えた昨年は、豪雨の影響で開催中止でしたから。」

NAOKI「今年は、2週に渡り週末開催の史上最長4日間でしたね。」

TAKUMA「サブタイトルで、倍返しですというくらいですので、一回中止になった分を取り返すぐらい大成功に持っていけるように考えていましたが、振り返ってみれば、出演者全員が同じ気持ちでライブをしてくれたというか、盛り上げてくれて。ライブに来たみんなもそういう気持ちでいてくれたのか、熱い応援とか京都大作戦を支える気持ちが伝わってきて、ステージ側も客席側もみんな一緒だと思いましたね。」

KOUICHI「印象的に記憶に残っているのは、会場のみんなの"待っていたぞ感"。ずっとテンション高かったと思うんです、僕らも含めて会場のみんなも。」

NAOKI「2週連続って今までなかったし。会う人すべてが"無事開催できて良かったね"と言ってくれる。つまり当たり前じゃない。全てに感謝という感覚でしたね。」

TAKUMA「京都大作戦という1年

INFORMETION

18thシングル『ハローフィクサー』
1.ハローフィクサー　2.heart blue
3.12345678910ll12
BADASS/EMI Records／発売中
UPCH-80518／通常盤1000円

ライブBlu-ray／DVD
『10-FEET OPEN AIR ONE-MAN
LIVE IN INASAYAMA2019』
BADASS/EMI Records
2019年11月13日発売
UPBH-20251/2／通常盤5200円(Blu-ray)
4200円(2DVD)、他

3種の醤油ラーメンで勝負する店

MAP／P100-01・2B

麺屋 聖 ～kiyo～
めんやきよ／一乗寺

　烏丸御池にある[麺屋優光]の姉妹店。京都の澤井醤油と島根のマルハマ醤油を使い、それぞれ全く違う味わいのラーメン3種を用意する。一番人気のギフトなら、鶏ガラベースにアサリとトビウオの旨みを引き出した京都の醤油による、あっさりだけどパンチのある一杯。自家製麺は中力粉の全粒粉で、スープを絡ませながらモチモチ食感と喉ごしの良さが楽しめる。

☎075・606・5459
京都市左京区一乗寺払殿町48
コーポ西沢1F
11:00～15:00
17:30～22:00
木曜、不定休　全席禁煙
完全個室無　P無
Instagram／menya.kiyoで検索

その他のおすすめメニュー
炙り焼豚丼250円、肉餃子250円

ラーメンDATA
麺：ストレート（中太）　スープ：鶏ガラ

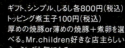

ギフト、シンプル、しるし各800円（税込）
トッピング煮玉子100円（税込）
厚めの焼豚or薄めの焼豚＋煮卵を選べる。Mr.children好きな店主らしいネーミングも気になる

「一番濃厚と聞いた「しるし」ですけど意外にもあっさり。包容力のある味です。」

― 京都大作戦の後には18枚目のシングルがリリースされていました。

TAKUMA「自分たちに刺激があるような制作、作曲がしたかったというか、それが結果的に新しいモノづくりにつながったと思います。思い出してみると、生まれて初めてステージに立った時は緊張しましたが、その代わり胸の高鳴りというか興奮もあったと思うんです。そういう時に湧き出てくる力のある音楽を作りたくて挑んだ曲です」。

KOUICHI「2曲目は7～8年前くらいに録った曲ですけれど、それが改めて今聴いて新鮮に感じられる感覚の一曲」。

NAOKI「3曲目はほんと、たぶん、5分～10分で録れた曲なんで（笑）」。

― でも、あんなにカッコよく1から12まで数える3人は他にはいませんよ。

そして、今年5月開催の長崎市稲佐山公園野外ステージでのバンド史上最大級の野外ワンマンライブが映像化されますね。

TAKUMA「僕たちのお客さんが長崎に全然いないときから出演をさせていただいたところで、僕らを育ててくれた場所。そこに恩返しをする気持ちでライブをしてきました」。

NAOKI「初フェスとか、フェスでの初トリ（最後の出演）とか、あと今まで出演したフェスのなかでも一番回数が多いとか。初経験のフェスが稲佐山公園には多くて、やっぱり思い入れが強いですね」。

KOUICHI「しかし、およそ3時間はあっという間で（笑）」。

NAOKI「すごくテンション上がる時間だったから早かった。ここのラーメンもあっという間に同じ感覚ですね（笑）」。

ポスト麺道 東山区

HIGASHIYAMAKU

コクのあるスープに細麺がマッチ

祇園で味わう上品なラーメンから、七条駅界隈にオープンした話題の新星、京都でも増えつつある鴨ラーメンなど一度は食べたい一杯が揃う。

チャーシューメン
850円＋味玉100円（すべて税込）
器いっぱいにやわらかなチャーシューが敷き詰められた一杯。トッピングは味玉がおすすめ

MAP／P102-03・3A

ラーメンの坊歩
ラーメンのぼんぽ／七条川端

2019年1月にオープンした、東山区エリアの新星ラーメン店は、中学校時代の同級生という店主2人が営んでいる。古い書店を改装した懐かしい雰囲気の中で味わえるのは、2人が試行錯誤を繰り返して完成させたラーメン。鶏豚骨がベースのスープに合わせるのは京ブランドに認定されている製麺店［夷川田ごと］の麺で、あっさりしながらもコクのある一杯に。ジューシーな唐揚げはサク飲みのアテにもぴったり。

☎非掲載
京都市東山区下堀詰町232
11:00〜23:00(LO)
金・土曜は〜24:00(LO)
不定休
全席禁煙
完全個室無
P無

その他のおすすめメニュー
名物唐揚げハーフ（4個）350円、鶏とんこつラーメン650円、辛ニンラーメン650円（すべて税込）

ラーメンDATA
麺：ストレート（中細）　スープ：鶏ガラ、豚骨

京都

塩錦 1680円（税込）
あえて別盛りの鯛の昆布締めや真空低温調理の鶏ムネ肉は、お酒のアテとしても楽しめる

風情ある街に相応しい実力派

MAP／P102-03・2B
らーめん錦
らーめんにしき／祇園

カウンター割烹を思わせる店内で腕を振るうのが東京[AFURI]出身の店主。「ほんまもん」にこだわる極上の一杯のうち、まず最初に味わうべきは塩ラーメン。鯛の中骨と頭30kgを、6時間掛けて低温で煮出す贅沢な鯛だしは、まるで吸い物のような豊かな味わいで、腹の奥底にじんわりと染み渡る。

☎075・606・5210
京都市東山区新橋通大和大路東入ル
2丁目橋本町416
11:00～15:00（LO／14:30）
17:00～23:00（LO／22:30）
日曜11:00～16:00（LO／15:30）
月曜休　全席禁煙　完全個室無　P無
Instagram／ramen_nishikiで検索

その他のおすすめメニュー
鯛の白湯らーめん1100円、錦御膳 塩錦（鯛飯、甘味）2000円
ラーメンDATA
麺:ストレート（細）　スープ:魚介、昆布、煮干し

スープもチャーシューも鴨尽くし

MAP／P102-03・2B
Gion Duck Noodles
ギオン ダック ヌードルズ／祇園

路地奥に佇むこちらは枚方の[麺䴵]によるセカンドブランドで、正式な店名は"鴨とラーメンの絵文字"というユニークさ。カウンター8席の洗練された空間で味わえるのは、濃厚な鴨スープと石臼挽きのドイツ産ライ麦をブレンドした自家製麺で作るこだわりの鴨ラーメンや、ベリーやみかんソースがアクセントの鴨つけ麺。新感覚の味をご堪能あれ。

☎無
京都市東山区祇園町北側329
12:00〜15:00(LO)
月〜水曜休
全席禁煙
完全個室無
P無
Instagram／gion_duck_noodlesで検索

ラーメンDATA
麺:ストレート(細)　スープ:鴨、昆布

鴨ラーメンM
920円(税込)

山椒の香りが鴨スープをキリッと引き締める。低温調理で仕上げた鴨のチャーシューも美味

Ramen News Kyoto

熟成醤油の深みにハマる

定番はコレ！

熟成醤油ラーメン722円

じっくり煮詰めた豚骨スープと、キレのある醤油は相思相愛。味の要となる醤油は［澤井醤油本店］のもの。味玉トッピング＋139円

RAMEN DATA

麺（太さ）
ストレート（細麺）
- - -
スープ
豚骨、香味野

限定50食

塩こってりラーメン 722円

鶏の旨みをフルで引き出した鶏白湯スープをあっさりと味わう、大人の塩。味玉トッピングは＋139円。醤油こってりも有り

ダシのきいたおばんざいも好きだけど、ガツンと濃厚なラーメンも好き、というのが京都人のホンネ。2019年夏に開店した府庁前の［ラーメンkoyaji］のイチオシは、そんな京都人の食欲満たす熟成醤油ラーメン。6〜7時間掛けて丁寧に取った豚骨スープに老舗［澤井醤油本店］の熟成醤油を合わせ、コク深い味わいに仕上げている。スルッと食べやすい細麺が、熟成醤油によって琥珀色に染まってゆく至福の一杯、途中で一味や辛味噌を加えるとガラリと印象が変わるので、ぜひトライしてほしい。

また、さらなるこってり感を求める食べ盛りの学生さんやサラリーマンのために、濃厚鶏白湯スープを使った塩と醤油もスタンバイ。豚骨醤油系2種と鶏白湯系2種、どなたさまもお腹を減らせて訪れよう。

ラーメンkoyaji
ラーメンコヤジ／府庁前

☎075・754・8529
京都市中京区梅屋町166-7 SDビル1F
11:30〜15:00
18:00〜22:30（LO／22:00）
不定休
全席禁煙
完全個室無
P無

MAP／P103-04・3B

拳ラーメン
こぶしラーメン／千本七条

古都のラーメン業界に強烈なインパクトを与えたジビエスープをさらに改良。京都生まれの京鴨と、高級魚のノドグロの煮干しを使い、京料理に通じる洗練を気軽なラーメンで堪能させてくれる。ややややわらかくのど越しのよい細麺は、スープとの一体感を楽しめると好評。また、水と羅臼昆布だけで煮出した羅臼昆布かけそばはヴィーガンにもおすすめ。

☎075・351・3608
京都市下京区朱雀正会町1-16
11:30～14:30
18:00～22:00(LO／21:50)
水曜休
全席禁煙
完全個室無　P無
Twitter／kobushi_ramenで検索

その他のおすすめメニュー
羅臼昆布かけそば1000円、中華そば750円、但馬牛肉担々麺850円

ラーメンDATA
麺:ストレート(細)　スープ:京鴨、鹿骨、鯛、ノドグロ煮干し

昔ながらの下京区

SHIMOGYOKU

殿堂入りの人気店がまたもや進化

昔ながらの背脂チャッチャ系を味わいたいなら下京区エリアへ。開発が進む京都駅界隈を歩きながら、ラーメンはしごも楽しい。

京鴨とノドグロ煮干しそば　900円
山の幸と海の高級珍味が競演する上品な味わい。途中で柚子ビネガーを加えて味変を楽しむ

44

京都

MAP／P103-04・4C

京都千丸 しゃかりき murasaki
きょうとせんまる しゃかりき ムラサキ／京都駅前

豚骨の名店[しゃかりき]が一昨年、京都タワー内の[京都タワーサンド]に出店。そこで展開するのは、大人が喜ぶ清湯ラーメン。地鶏ガラと丸鶏のクリアなスープに、上品な京都産サゴシなどの煮干しが上品に香る。+170円で、チャーシューのタレの甘みをたっぷり吸ったミニ丼がつくセットも用意されており、観光客などから人気を集めている。

☎075・746・7768
京都市下京区烏丸通七条下ル
東塩小路721-1 京都タワービルB1F
11:00～22:30(LO)
無休　全席禁煙（喫煙スペース有）
完全個室無　P無　http://syakariki.jp/

その他のおすすめメニュー
九条ねぎの熟成コク醤油まぜそば800円
つけそば900円
ラーメンDATA
麺:平打ち(太)　スープ:鶏ガラ、丸鶏、魚介

鶏ガラと煮干しのクリアな清湯

座 780円
鶏清湯にサゴシやサンマ、カタクチイワシの煮干しを追加。熟成醤油の香りが引き立つ

割烹店が展開する和のラーメン

kohaku 900円
鶏と魚介のスープは奥深い味わい。甘めのバラ肉と醤油味のモモ肉をチャーシューに使用

MAP／P102-03・2A

river RAMEN
リバー ラーメン／西木屋町四条

割烹の名店[食堂 おがわ]の姉妹店。和食の世界で20年以上、腕を磨いてきた店主が作るラーメンは、どれもダシの深みを感じさせてくれる。琥珀色のスープが美しい看板のkohakuのほか、白味噌を加えたshiroが人気。サイドメニューは骨付きのから揚げ2個250円が評判で、カラッとした食感とスパイス豊かな風味に思わずビールを頼む人も多数。

☎無
京都市下京区西木屋町通四条下ル船頭町225-3
11:30～15:00(LO／14:30)
18:00～23:00(LO／22:30)
木曜休　全席禁煙
完全個室無　P無

その他のおすすめメニュー
骨付きのから揚げ2個250円
ラーメンDATA
麺:平打ちちぢれ(中太)　スープ:鶏、魚介

スープの立役者はやさしい鶏ガラ

新恵比朱ラーメン 700円
京都ラーメンの王道を行く豚骨醤油スープは甘みがあるまろやかな味わい。ねぎ増し無料

MAP／P103-04・4C
本家 第一旭 たかばし本店
ほんけ だいいちあさひ たかばしほんてん／高倉塩小路

創業から50余年。開店時から行列ができる日も少なくない、京都ラーメン界を代表する一軒。濁りのないスープは、チャーシュー用の豚肉、玉ねぎをじっくりと煮出したもの。素材の旨みと甘みが引き出され、コクがあるのにあっさり。特製の醤油ダレがスープをまろやかにまとめ、中太ストレート麺との相性も申し分なし。

☎075・351・6321
京都市下京区東塩小路向畑町845
6:00〜翌1:00　木曜休
禁煙席無　完全個室無　P2台
http://www.honke-daiichiasahi.com/

その他のおすすめメニュー　特製ラーメン900円（税込）
ラーメンDATA　麺：ストレート（中太）　スープ：豚骨

MAP／P103-04・3C
ラーメン 恵比朱
ラーメン えびす／京都駅前

食べてみると意外とあっさりしていて良い意味で裏切られる、しっかり旨味を引き出した背脂鶏ガラ醤油系。細麺やチャーシュー、たっぷり盛られた九条ねぎとの相性も抜群で、最後まで飽きがこず、ついついスープまで飲み干してしまう。この界隈で深夜2時まで営業している店は貴重な存在なので、飲んだあとの〆に暖簾をくぐる常連も多いのだとか。

☎075・361・2123
京都市下京区不明門通七条下ル東塩小路町736
11:30〜翌2:00、ランチ〜15:00
無休　時間により禁煙（11:30〜14:00）
P無　http://www.ebisu-ramen.com/

その他のおすすめメニュー
餃子（6個）300円、からあげ スタンダード（6個）500円、激辛ラーメン750円
ラーメンDATA　麺：ストレート（細）　スープ：豚骨、鶏ガラ

コク旨豚骨スープが冴え渡る一杯

ラーメン 750円（税込）
豚骨スープながらも軽やかな味わい。とろけるほどやわらかいチャーシューと九条ねぎも

旨みの秘訣は40種の天然素材なり

天然塩ラーメン 760円
自家製の平打ちストレート麺とWスープの調和が抜群。素材にこだわった手作りの一杯だ

MAP／P106-09
京都 塩元帥
きょうと しおげんすい／春日七条

大阪に本店を構える塩ラーメンの人気店の京都1号店。風味豊かな魚介のスープと、鶏ガラや豚骨と野菜などからとるスープを合わせたWスープは、しっかりとした旨みとキレのあるあと味が特徴。さらに味の決め手となる40種以上の天然素材で作る塩ダレを利かせた一杯は、コクのある美味しさに脱帽。

☎075・316・3580
京都市下京区西七条名倉町34-2
11:00〜24:00(LO)
無休　全席禁煙　完全個室無
P有
http://shiogensui.com/

その他のおすすめメニュー　焼き飯540円、唐揚げ（6個）490円、どて丼540円
ラーメンDATA　麺：ストレート（細）　スープ：魚介、鶏ガラ、豚骨、野菜

「餃子と煮込み」「魚屋 鮨しん」

名物は一口サイズの餃子と大鍋で煮込まれた"白と黒"の2種類の煮込み。
昔ながらの大衆酒場の雰囲気と女性にも入りやすい空間を持ち合わせた「餃子と煮込み」。
毎日でも来れる寿司店がコンセプト。新鮮なお魚を普段使いに、
錦市場の本格的な江戸前鮨「錦鮨しん」のカジュアルブランド「魚屋 鮨しん」。
四条烏丸、京都の新名所「京都経済センター」商業施設「SUINA(すいな)室町」1F。

「餃子と煮込み」「魚屋 鮨しん」
Tel.075-341-2531
京都市下京区四条室町東入函谷鉾町78
京都経済センター SUINA室町1F
11:00〜22:00 (LO 21:30)　定休日 年中無休 (SUINA室町に準ずる)
［餃子と煮込み］42席　［魚屋 鮨しん］9席
https://gyoza-nikomi.com
「餃子と煮込み」「魚屋 鮨しん」で検索

このお店が You Tube 動画で見られる!!

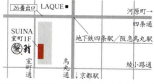

- 京都市営地下鉄烏丸線「四条駅」北改札出てすぐ/
- 阪急電車京都線「烏丸駅」26番出口直結

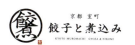

新麺道 伏見区
FUSHIMIKU

老舗ラーメン店から行列が絶えない名店まで、京都でも1、2を争うラーメン激戦区の伏見エリア。路地にオープンした新店にも注目して。

魚介へんてこツ
850円
へんてこ醤油をベースに、鰹や魚介を加えた香ばしい味

まったり味の余韻が響く鶏魚介、遊び心も見せる伏見の実力派

MAP／P105-08
拉麺 へんてこ
らーめん へんてこ／膀染

店主・池上周史さんは、七条七本松のラーメン店や中華料理店で修業。濃いめの鶏スープから、鶏魚介、さらには二郎系まで手掛けるという器用さを持ち合わせる。ベースの鶏白湯はどろどろやこってりというより、旨みをしっかり感じるまったりとした仕上がり。麺は右京区の[中金製麺所]に4種類を特注。豚バラと肩ロースのチャーシューの食べ応えなど、いずれも素材や味の密度が高いパーツ揃い。唐揚げも、辛味噌ダレで1日漬け込んだ"ヒリ唐"を生み出すなど、今後も新作や限定など目が離せない新星だ。

☎ 非掲載
京都市伏見区深草北新町648
11:00～15:00 18:00～21:30LO
不定休
全席禁煙
完全個室無
P無

その他のおすすめメニュー
へんてこしょうゆ680円、へんてこ塩680円、ヒリ唐、トリ唐ともに4個400円
ラーメンDATA
麺：ちょい縮れ(中太)　スープ：鶏白湯、魚介

大中ラーメン(バラ)
650円
※温泉玉子とキムチをトッピング

スープは濃厚ながらもあっさりした味わい。温泉玉子とキムチはトッピング無料

MAP／P105-08
セアブラノ神 伏見剛力
セアブラノかみ ふしみごうりき／伏見

新潟発祥の燕三条系に、京都に古くからあった背脂をミックスしたラーメンで知られる[セアブラノ神]。伏見剛力はその2号店として4年前にオープンし、老舗の多い伏見でも独自の存在感を発揮している。定番の背脂煮干しそば750円以外にも、毎月限定のラーメンを提供し、ファンを飽きさせることがない。お腹を空かせてドカ盛りにも挑戦してみよう。

☎075・642・5252
京都市伏見区
深草柴田屋敷町23-27
11:30〜14:30
18:00〜21:00
無休
全席禁煙　完全個室無　P無
Facebook／セアブラノ神で検索

その他のおすすめメニュー　卵かけご飯200円、からあげ200円
ラーメンDATA　麺:ストレート(中太)

行列が絶えないガード下の名店

MAP／P105-08
大中
だいちゅう／伏見桃山

近鉄桃山御陵前駅のガード下で1995年にオープンして以来、常に行列が絶えない人気店。じっくり豚骨と鶏ガラを煮込んだスープは、代表的な京都ラーメンの一つとなっている。麺の固さや味の濃さ、モヤシやねぎ、チャーシューの脂身までオーダー可能で、常連なら必ず自分だけの一杯を持っているはず。唐揚げ(2個)160円なのもリーズナブル。

☎075・603・2712
京都市伏見区観音寺町215
11:00〜翌2:00(LO)
無休
時間により禁煙(11:00〜14:00)
完全個室無　P無

その他のおすすめメニュー
唐揚げ(2個)160円
ラーメンDATA
麺:ストレート(中細)　スープ:豚骨、鶏ガラ

まぜそば(中)
800円

玉子の黄身と味噌ミンチなどの具と中太麺、タレが混然一体となってハーモニーを奏でる

燕三条系で異彩を放つ人気店

しょうゆラーメン
700円

モヤシを中心に玉ねぎやキャベツなど野菜がたっぷり。麺は400gまで無料。写真はニンニク、野菜、アブラマシ

破壊力大！モヤシてんこ盛り

MAP／P105-06
らーめん大 京都深草店
らーめんだい きょうとふかくさてん／深草

全国に広がる[らーめん大]の深草店。スープは豚骨と野菜でとった堀切系ながらも、伏見の水の影響からか少しあっさりとした風味が特徴。なんと野菜やニンニク、アブラや麺の増量も可能なので、自分好みにカスタマイズしたい学生たちにも人気という。もちろん食べられる量をオーダーして。平日昼限定で学割あり。

☎075・755・5608
京都市伏見区深草野田町17-2
シティーハイツベルジュール1F
11:00〜14:00、17:00〜24:00
日曜10:00〜14:00
※野菜が無くなり次第終了
不定休　全席禁煙
完全個室無　P無

その他のおすすめメニュー　汁なしラーメン700円〜
ラーメンDATA　麺:ちぢれ(極太)　スープ:豚骨、香味野菜

MAP／P105-08
ラーメン たぬき屋
ラーメン たぬきや／伏見

　近鉄伏見駅のほど近くにあるラーメン店。看板の熟成豚骨ラーメンは研究に研究を重ねた自信作で、豚骨を7〜8時間掛けて炊き、旨みを引き出している。あっさりが好みの人には、4種の魚介からスープをとった中華そばがオススメ。一転して、コクのある澄んだ味わいを楽しむことができる。＋50円でスープの味が変化するたぬきソースも試してほしい。

☎非掲載
京都市伏見区
深草泓ノ壺町11-9
11:30〜14:30
18:00〜22:00
木曜、第1日曜休
全席禁煙
完全個室無　P無

その他のおすすめメニュー
中華そば720円、まぜそば740円、マー油そば800円
ラーメンDATA
麺：平打ちストレート（太）　スープ：豚骨、鶏ガラ

飽くなき追求を重ねた自信の豚骨

熟成豚骨ラーメン
740円
豚骨を高火力で炊き出した後、一晩熟成させたスープは濃厚かつまろやかな旨み

味玉とりとんこつラーメン
900円
鮮度のよい鶏ガラと豚骨を長時間煮詰めたスープに国産小麦粉を使った自家製麺がマッチ

MAP／P105-06
ラー麺 陽はまた昇る
らーめん ひはまたのぼる／伏見稲荷

　脂や化学調味料は一切使わずに、骨髄まで溶け出すようじっくり時間をかけて仕上げたスープが味の決め手。濃厚ながらも飽きずに最後まで飲み干せるさっぱりした後味で、自家製の手打ち麺との相性も言うことなし。あっさりした醤油ラーメンや、豚骨スープに煮干しを加えた魚とりとんこつもぜひ試してみて。大ぶりのからあげも隠れた人気メニュー。

☎075・642・5705
京都市伏見区
深草一ノ坪町38-15
11:00〜22:00(LO)
木曜休
全席禁煙
完全個室無　P無
Twitter／hinobo915で検索

その他のおすすめメニュー
魚とりとんこつラーメン830円、つけ麺880円、からあげご飯セット1個250円
ラーメンDATA　麺：ストレート（中太）　スープ：豚骨、鶏ガラ

丁寧に仕上げる濃厚鶏豚骨スープ

京都

MAP／P105-06
フカクサ製麺食堂
フカクサせいめんしょくどう／深草

「おさかな鶏白湯」をはじめ、スープの相性を考えた3種類の麺にこだわった自家製麺。大人気の「おさかな鶏白湯」には、アマニ粉ブレンドのヘルシーでモッチモッチの中太麺を合わせ、女性にも好評だ。まぜそばもクセになる美味しさで大人気。西大路駅前には、姉妹店［麺屋 一空］があるので、チェックしてみて。

☎無
京都市伏見区深草キトロ町33-14 トミヤビル1F
11:00～15:00、18:00～21:30
日曜～15:00
月曜休　全席禁煙
完全個室無　P無
Twitter／fukakusa_ssで検索

その他のおすすめメニュー
まぜそば 850円、唐揚げ(2個)300円(全て税込)
ラーメンDATA
麺:ストレート(中太)　スープ:国産鶏、魚介

クリーミィな鶏と魚介の合わせ技

おさかな鶏白湯らーめん
870円（税込）
白く泡立つクリーミィなスープが上品。鶏と魚介の旨みが溶け合い、胡椒がピリッと利いている

鶏豚骨ラーメン
850円
歯触りの良い低加水の中太麺が、鶏豚骨の濃厚なスープに負けない存在感を放っている

濃厚ながらバランスの良い鶏豚骨

MAP／P105-06
頑固麺
がんこめん／藤森

それぞれ2種の鶏ガラと豚骨に、野菜や乾物などを加えたコッテリ濃厚なスープが、店の持ち味。考え抜いた味のバランスと丁寧な仕事が、ドロッとしながらも洗練された味わいをスープに与えている。なかには、最後にごはんを入れてスープを飲み干すファンもちらほら。自家製の甘ダレをかけたチャーシューに西洋ワサビを添えた頑固丼も人気の一品。

☎075・643・7337
京都市伏見区深草西浦町6-62
11:00～14:00(LO)
月曜休
全席禁煙
完全個室無
P無
Facebook／頑固麺で検索

その他のおすすめメニュー
唐揚げセット300円、頑固丼セット300円
ラーメンDATA
麺:ストレート(中太)　スープ:鶏ガラ、豚骨

実力派の北区

KITAKU

わざわざ足を運びたい名店が揃う北区。学生も多いため、ボリューム満点のメニューも豊富。気合いを入れて臨みたい。

動物系オンリーで挑むピュアな超濃厚スープ

MAP／P104-05・1B

天骨庵慶心
てんこつあんけいしん／御薗橋

とろみのつく野菜等は一切使わず、豚骨と鶏ガラ、鶏のお肉という動物系だけをしっかり炊き込んだ超濃厚スープ。余分なアクと脂を丁寧に取り除くことで、ピュアな旨みだけを抽出させている。さらに提供直前にブレンダーを使うことで口当たりがなめらかになり、女性でもスルッと食べられる。「提供にお時間をいただく分、全力を尽くします」と語る店主・森さんの誠実さが詰まった一杯。かために茹でた中太麺を完食した後、余裕があれば細ちぢれ麺の替え玉にもぜひトライして。

☎無
京都市北区大宮東総門口町38-6
11:30～13:30
18:00～21:00
日曜休、月2回不定休
全席禁煙　完全個室無　P無
https://tenkotsuan-keishin.com/

その他のおすすめメニュー
台湾まぜそば850円（税込）、からあげ200円（税込）

ラーメンDATA
麺:ストレート（中太）　スープ:豚骨、鶏ガラ、鶏肉

濃厚とりとん
850円（税込）

鶏モモ肉のチャーシュー、国産の塩と和風だしで味付けした白煮卵という名脇役をトッピング

MAP／P104-O5・1B
麺や 賀ら茂ん
めんや がらもん／大徳寺御園橋

　店主は人気を博した［麺屋 〇竹］の出身。動物系と魚介系を合わせたスープは、今はなき名店の味を思い起こさせる。ラーメンは中華そばと背脂醤油の2種。どちらも豚骨、鶏ガラや手羽先、昆布、鰹節ほかさまざまな素材を用い、余分な脂は丁寧に除いた旨みだけのスープがベース。京丹後の老舗蔵［小野甚味噌醤油醸造］で仕込んだかえしも深みを添える。

☎075・493・2001
京都市北区大宮北椿原町26-1
11:30〜20:00(LO／19:50)
土・日曜、祝日〜15:00
(LO／14:50)
不定休　全席禁煙
完全個室無　P無
Twitter／ru8DyG2CPGTXcgUで検索

その他のおすすめメニュー
背脂醤油750円
ラーメンDATA
麺：ストレート（中）　スープ：豚骨、魚介、鶏ガラ

中華そば 750円 ＋**味玉子** 100円
醤油ダレを塗って炙る香ばしいチャーシュー、中まで味の染みた半熟玉子をトッピング

鶏醤油らぁ麺
850円

国産小麦に石臼挽き小麦を合わせた自家製細麺。チャーシューは豚と鶏ムネ肉の2種類

鶏の旨みに生揚げ醤油が香る清湯

MAP／P104-O5・1B
らぁ麺とうひち
らぁめんとうひち／紫竹

　鶏醤油清湯の先駆者であるラーメン店［ラァメン家 69 'N' ROLL ONE］をリスペクトして、地鶏と生揚げ醤油で作る清湯ラーメンの店。丹波黒どりや淡海地鶏などのガラや丸鶏を弱火で長時間煮込んだスープは澄んだ見た目とは異なり鶏の旨みが凝縮した濃厚な味。生揚げ醤油の特製ダレで仕上げたスープに、コシと歯応えを追求した自家製細麺との相性も抜群。

☎075・432・8818
京都市北区大宮北箱ノ井町33-6
セルリアンハイツ1F
11:00〜14:30(LO)
18:00〜21:30(LO)
火曜休　全席禁煙
完全個室無　P7台
Facebook／らぁ麺とうひちで検索

その他のおすすめメニュー
煮干し魚介らぁ麺830円
ラーメンDATA
麺：ストレート（細）　スープ：鶏

豪快な西京区
NISHIKYOKU

本格四川料理から昔ながらの中華そば、先駆けと言っても過言ではないつけ麺など、一度は味わいたい一杯がずらり。

住宅街の屋台で元祖・担担麺を堪能

担担麺 700円

胡麻の風味も唐辛子の辛さも全面に出すぎない人気メニュー。バランスの良さが光る一杯

MAP／P106-10
まる担 おがわ
まるたん おがわ／樫原

屋台を思わせる店構えのこちらは、日本初の本格四川料理店[四川飯店]で修業した主人が営む店で、元祖の味を忠実に再現した担担麺が味わえる。あっさりしたスープに、辛味より香りを重視したという自家製ラー油と胡麻、醤油が合わさって絶妙な味わいに。ツルっとピリ辛なワンタン担担麺や酸辣湯麺などメニューも辛味もバリエーション豊富。

☎090-3973-5093
京都市西京区樫原山ノ上町7-19
12:00～14:00(LO／13:45)
18:00～22:00(LO 21:45)
火曜休
全席禁煙
完全個室無　P2台
https://yataimarutanogawa.kyo2.jp/

その他のおすすめメニュー
雲呑(ワンタンスープ)400円、肉味噌ごはん300円
ラーメンDATA
麺：ストレート(細)　スープ：鶏

あっさりした味わいの元祖つけ麺

元祖つけ麺(並) 800円

ツルツルとしたのど越しの多加水卵中太麺220gがスープによく合う。小サイズ110g700円も用意

MAP／P106-10
大勝軒 千代原口店
たいしょうけん ちよはらぐちてん／千代原口

先代が関東の修業店で1955年に提供したというつけ麺を継承。豚足やゲンコツ、鶏を煮込んだスープに酢や砂糖を加えて仕上げる元祖つけ麺はあっさりした味わい。本来ぬるめスープで提供していたが、あえてアツアツの京都スタイルに。自家製ラー油や削り粉などで味のアレンジも楽しめる。車の利用者に嬉しいロードサイド店。サイドメニューも人気。

☎075-381-2758
京都市西京区山田車塚町5-2
11:00～15:00、17:30～21:00(LO)
※売り切れ次第終了
月曜休
全席禁煙
完全個室無
P有(契約駐車場)

その他のおすすめメニュー
からあげセット＋250円
ラーメンDATA
麺：ストレート(中太)　スープ：鶏、豚、魚介　かえし：酢、砂糖

京都

京都 麺屋たけ井 TauT阪急洛西口店
きょうと めんやたけい トートはんきゅうらくさいぐちてん／洛西口

MAP／P106-10

"つけ麺の名店"として知られる[麺屋たけ井]の洛西口店では、凝縮されたアサリの旨みを存分に堪能できる驚愕の一杯を。豚骨白湯ベースのスープはもちろん、使用するラードやかえしにも風味を移すなどまさにアサリ尽くし！また、創業当時から受け継がれる餃子や、希少部位ふりそでを自家製ダレに漬け込んだ唐揚げなどサイドメニューも見逃せない。

☎075・391・3633
京都市西京区川島六ノ坪町
阪急洛西口駅高架下
11:00〜14:30
17:00〜22:30(LO／22:00)
不定休　全席禁煙
完全個室無　P無
http://menya-takei.com/

その他のおすすめメニュー
淡麗あさり蕎麦830円、辛つけ麺1000円、餃子330円

ラーメンDATA
麺：ストレート(細)　スープ：豚骨清湯、アサリ、昆布

口いっぱいに広がるアサリの旨み

特製淡麗あさり蕎麦
1090円

いわゆる塩ラーメンとは一線を画す風味豊かなあさり蕎麦。細麺をスープに絡めて堪能して

中華そば 東東
ちゅうかそば とんとん／上桂

MAP／P106-10

昔ながらの中華そばのスタイルを貫くこちらのラーメンは、豚骨と鶏ガラからとったスープがとてもやさしい風味。手作りにこだわるメンマやチャーシューなども、いつ訪れても安定の味わいで、濃厚なスープを食べるのに少し疲れてきたラーメンファンにはぜひ訪れてほしい一店。牛スジ煮込み600円など、ビールのおつまみなども豊富に揃う。

中華そば
700円

チャーシューを漬けるタレは継ぎ足しを重ねた秘伝の味。醤油ベースのスープは臭みなし

☎075・392・5992
京都市西京区上桂前田町9
11:30〜24:00
月曜休
禁煙席無
完全個室無
P2台

その他のおすすめメニュー
味噌中華650円、チャーシュー麺700円、すじ煮込み600円

ラーメンDATA
麺：ストレート(中細)　スープ：鶏ガラ、豚骨

郷愁すら感じるラーメンの王道

つけ麺 900円
半熟煮玉子 100円

どろりと濃厚ながら雑味のないスープと風味豊かな自家製麺が絶妙の組み合わせ

丁寧に仕込んだ鶏白湯が際立つ

麺屋 さん田
めんや さんだ／西小路五条

MAP／P106-09

京都の名店[吟醸らーめん久保田]出身の店主三田さん。鶏と水のみで炊き上げる鶏白湯スープを軸にした、つけ麺が看板メニュー。店主が"きれいな旨み"と表現するように臭みや重みがないスープが特徴だ。焙煎した胚芽を練り込む自家製麺にも並々ならぬこだわりあり。そぼろ、ピーナッツが入った店主のセンスが光る担々まぜそばにもファンが多い。

☎075-321-5556
京都市右京区西院追分町7-4
11:00〜14:00、18:00〜21:00
月曜休
全席禁煙
完全個室無
P無
Twitter／biri2everymenで検索

その他のおすすめメニュー
担々まぜそば（並・160g）850円、（大盛り・240g）950円

ラーメンDATA
麺：ストレート（太）　スープ：鶏

多彩な右京区
UKYOKU

店舗は少ないが、醤油ラーメンからつけ麺、油そばまで多彩なジャンルが揃う。厳選小麦の自家製麺、丁寧に抽出した鶏スープなど、店主渾身の一杯を味わおう。

MAP／P106-09

ラーメン荘 地球規模で考えろソラ
ラーメンそう ちきゅうきぼでかんがえろソラ／西小路松原

独自のラーメン道をひた歩むオーナーがオープンさせた、3つ目のラーメン店。溢れんばかりのチャーシュー、シャキシャキ食感の野菜、自家製の極太麺が圧倒的な存在感を放つ。豚ラーメンは並でも麺が300gというビッグサイズだが、週に2、3回は通うという猛者も多数いるそう。自信のない人には小（麺200g）もあるので、そちらをどうぞ。

☎無
京都市右京区西院追分町3-11
11:00〜15:00、18:00〜24:00
日曜11:00〜15:00、17:00〜22:00
月曜休
全席禁煙
完全個室無
P無

その他のおすすめメニュー
豚ダブル1100円、ラーメン800円、汁なし800円

ラーメンDATA
麺：ちぢれ（太）　スープ：醤油、豚骨

豚ラーメン（並）950円

丼を覆うチャーシューは贅沢に5ピース使用。野菜、アブラ、ニンニクは好みの量で

求道者の如くひた歩むラーメン道

京都

ラーメン
800円（税込）

4日掛けて戻すメンマ、低温調理したチャーシューなど、店主の丁寧な仕事が詰まった一杯

店主のこだわりを詰め込んだ一杯

MAP／P106-09
鶴武者
つるむしゃ／西院

　麺からスープ、メンマなど、扱う素材はほぼすべて自家製。地産地消を心掛け、今年からは北海道産に加え、京都産の小麦を麺に使用している。スープは丸鶏、豚骨、香味野菜を煮込んだ鶏白湯と、昆布と貝柱などを使った和風味の2種がスタンバイ。一玉ずつ丁寧に手もみされた自家製麺とよく絡む。鰹の風味がきいたつけ麺900円（税込）も人気を集める。

☎075・322・7015
京都市右京区西院矢掛町28-2
11:30～14:00(LO)
18:00～21:00(LO)
金曜休　全席禁煙　完全個室無　P2台
Twitter／tsurumusyaで検索

その他のおすすめメニュー
つけ麺900円（税込）
ラーメンDATA
麺:ちぢれ(中太)　スープ:鶏白湯、アサリ、牡蠣、乾物、塩など

MAP／P106-09
油そば専門 西院麺ism
あぶらそばせんもん さいいんめんイズム／西小路四条

　独特の風味を持つ燻製油がクセになる油そばの専門店。特別注文の太麺に、燻製油や醤油タレ、刻みネギやチャーシューをよく混ぜ合わせて食べる「くんまぜ」は程良くマイルドな味わいで、油そば初心者にもおすすめ。ラー油や煮干し、ニンニクなどを使った油そばもあるのでぜひお試しを。麺は300gまで無料で増量可なので、お腹を空かせて楽しんで。

☎075・874・5546
京都市右京区西院四条畑町5
11:30～21:00
月曜11:30～14:00
無休　全席禁煙
完全個室無　P無
Instagram／men_ismで検索

その他のおすすめメニュー
背脂まぜ780円、にんまぜ780円、台湾まぜそば(追い飯付き)880円
ラーメンDATA
麺:ストレート(太)　スープ:醤油タレ

燻製油の香りと旨みが食欲を刺激

くんまぜ(200g・並)
780円

弾力のある特製太麺に、食欲をそそる香りの燻製油や醤油タレをしっかりからめてどうぞ

鰹醤油鶏そば
800円

鶏清湯と鰹だしをベースに薄口醤油を合わせたあっさり味。日替わりで貝や鯛だしなども

MAP／P106-09
麺処 鶏谷
めんどころ とりたに／四条西小路

　地鶏ガラと丸鶏から丁寧に抽出した澄んだ清湯スープは、鶏の旨みがやさしくて、すっと身体に溶け込んでいくよう。国産小麦「春よ恋」をブレンドした自家製麺ともマッチ。低温調理でやわらかく仕上がった鶏モモ肉と鶏ムネ肉、豚のチャーシューの存在感は抜群だ。日替わりで鰹節以外のバージョンが登場することも多いから新しい味との出合いも楽しみだ。

☎075・754・7969
京都市右京区西院四条畑町1-
11:30～14:30、18:00～22:0
※スープ無くなり次第終了
土・日曜11:30～15:00
18:00～22:00
※スープ無くなり次第終了
無休　全席禁煙　完全個室無
P無
Twitter／yoyocube0217で検

その他のおすすめメニュー
煮干し鶏そば(あっさり)700円、濃厚海老鶏そば880円
ラーメンDATA
麺／平打ち(細)　スープ／鶏ガラ、丸鶏、魚介

からだにやさしい澄んだ鶏スープ

個性派の南区
MINAMIKU

下町風情漂う町で昔から愛される店をはじめ、最近増えつつある鴨ラーメンを扱う新星まで個性派な一杯が揃う南区エリア。

スープもチャーシューも鴨オンリー
国産合鴨への愛情を一杯に込めて

MAP／P105-06
鴨LABO
かもラボ／上鳥羽

「万人に愛されるラーメンを通して、鴨の魅力を発信しよう」と、カウンター6席の空間を作ったのは国産合鴨の専門企業。6〜7時間、鍋に付きっきりで作る澄み切ったスープに、[麺屋棣鄂]の全粒粉入り麺、鴨チャーシューを組み合わせたこだわりの一杯を提供する。セットにするなら、スープを取る際に出た脂で炒める、艶やかな鴨チャーハンがおすすめ。またスモーク鴨、鴨ロース煮、鴨ウインナーなどオリジナル商品の直売所も同じ敷地内にあるので、そちらにも立ち寄りたい。

☎075・662・8799
京都市南区上鳥羽卯ノ花45
11:30〜14:00※木・金曜は18:00〜22:00も営業
土曜11:30〜22:00
日・月曜、祝日休
全席禁煙
完全個室無
P4台

その他のおすすめメニュー
鴨醤油ラーメン787円、ラーメン＋鴨チャーハン824円、ラーメン＋鴨そぼろ丼824円

ラーメンDATA
麺：ストレート(中太)　スープ：鴨

鴨塩ラーメン 787円
鴨スープに浮かぶのは鴨肉チャーシュー。モモ肉を低温調理でジューシーに仕上げている

柚子香る澄んだ清湯スープを堪能

塩ラーメン
850円

塩の旨みたっぷりのスープに柚子を利かせた一杯。大葉の風味とコリコリ食感の肉団子も人気

MAP／P105-06
麺処 丸昌
めんどころ まるしょう／上鳥羽

昔ながらの京都ラーメンにこだわり、手間ひま惜しまず仕上げる一杯が自慢。濁りのないスープは、豚骨を沸騰させずにじっくりと煮込み、取り出すタイミングにまでこだわっている。煮干しや昆布を加え3日間熟成させた醤油によるキレのある醤油ラーメンはもちろん、アンデスの赤潮（岩塩）をはじめとする3種の塩を使った味わい深い塩ラーメンをぜひ。

☎075・681・6622
京都市南区上鳥羽角田町83-2
11:00〜15:00　18:00〜21:45
日曜休　全席禁煙
完全個室無　P3台
Facebook／麺処 丸昌で検索

その他のおすすめメニュー
醤油ラーメン750円、味噌ラーメン850円
伏見ブラック850円（期間限定）
ラーメンDATA
麺：ストレート（細）　スープ：豚骨清湯、塩（3種）

MAP／P105-06
麺屋 一空
めんや いっくう／西大路

鶏と魚介を合わせた「おさかな鶏白湯」でお馴染みの［フカクサ製麺食堂］の2店舗目。まろやかなスープがウリの1店舗目と違い、鶏の旨みを最大限に活かした鶏白湯を追求している。一番人気は3種類の地鶏と朝採れ野菜をコトコト煮込んで完成した極上スープの「鶏白湯らーめん」。コラーゲンたっぷりのスープをストレートの中太麺に合わせていただく。

☎075・634・9371
京都市南区唐橋西平垣町17
11:00〜14:30
17:30〜22:30
土曜11:00〜15:00
日曜休　全席禁煙
完全個室無　P無
Facebook／麺屋一空で検索

その他のおすすめメニュー
鶏塩らーめん820円、鶏ジャンク（まぜそば）900円（いずれも税込）
ラーメンDATA
麺：ストレート（中太）　スープ：鶏ガラ、丸鶏、野菜

旨み広がる極上の鶏白湯

鶏白湯らーめん
870円（税込）

豚肉と鶏肉のチャーシュー2種も嬉しい！黒胡椒と七味がピリっとアクセントに

しょうゆラーメン
750円

チャーシューとねぎをたっぷり盛った定番の一杯。好みで唐辛子入りのニラを加えられる

豚の旨みをシンプルに味わう一杯

MAP／P105-06
ラーメン 大栄
ラーメン だいえい／東九条

住宅街の真ん中に佇む、創業約40年の老舗ラーメン店。豚骨と豚肉だけから抽出したスープは、醤油のキレの良さを感じさせる澄んだ味わい。加工直後の京都産三元豚を使用したチャーシューは、脂の旨みが豊かで、じんわりとした甘みをスープに加えてくれる。サイドメニューは多くないが、この味を求めて遠方から訪れるファンも数多い。

☎075・661・5406
京都市南区東九条西明田町20
11:00〜22:00
祝日〜20:00
日曜休　禁煙席無
完全個室無　P4台

その他のおすすめメニュー
みそラーメン750円、しょうゆチャーシューメン950円、キムチ250円
ラーメンDATA
麺：ストレート（中細）　スープ：豚骨、豚肉

年間600杯

ラーメン女子 森本聡子さん お気に入りの一杯

女性が1人でラーメン店に立ち寄れるカルチャーを築きたい、と活躍の場を広げる森本さん。日本ラーメン界で輝きを放つ彼女にラーメンの魅力を聞きました。

森本聡子さん
Ramen Switch代表。ラーメンイベントプロデューサー。年間600杯以上のラーメンを食べ歩き、47都道府県を制覇。現在2巡目に入る。

女子も1人でラーメン食べたい！

おしゃれなカフェなら1人でいけるし、むしろ、「そんな私を見て！」とばかりにSNSにアップしたくなるのが女子のサガ。しかし、ラーメン店だと話は違う。開店前から始まる行列は、老いも若きも男性ばかり。いざ着席した途端、聞こえてくるのは「ニンニクヤサイマシマシ」「アブラカラメオメ」といった摩訶不思議な呪文。混み合うほどに殺気立つ店内で、もし、この呪文を間違えたらどうしよう！というより、1人でラーメン食べる女性って淋しいヤツ!?次々に湧く雑念に脳内が支配され、まったく味に集中できない…。

そんな現状を打破しようと奮戦するのが、年間600杯以上のラーメンを食べ歩く"ラーメン女史"の森本聡子さん。「女性が1人でラーメン店に足を運べるカルチャーを」と、女性目線にとことんこだわった女性のためのラーメンイベント「ラーメン女子博」をプロデュース。今年10月に長居公園で開催される「第11回ラーメン女子博in大阪」にも寄与している。

そもそも森本さんがラーメンの世界に魅了されたのは、高校時代のアルバイトから。「ちょうど通学路に博多ラーメンのお店ができて。でも、すごくヒマでした（笑）。それがイヤでどうしたら忙しくなるかと考えました」。研究熱心な森本さんは雑誌に掲載された人気ラーメン店を片っぱしから食べ歩くことに。それがいつしか趣味となり、自分自身のメモ代わりにSNSを活用したところ、「どこの店？」「私も連れてって！」と友人たちから問い合わせが殺到した。

「もういっそのこと、みんなを連れてラーメン女子会をやったんです。するとSNSを介してTV局に話が伝わり、ぜひ取材させてほしいと。番組が放送されるや否やタレント事務所から声を掛けられ、本格的に"ラーメン女史"としての活動をスタートさせた。「でも、タレント業をやりたかったわけじゃない。飽きっぽい私が唯一続けてこられたのは、ラーメンを食べ歩くことだけ」。そこで去年、ラーメンイベントのプロデュースやコンサルティングなどを請け負う会社を立ち上げた。

女性の参入が極めて厳しい世界にあって、自らの夢を叶えた彼女が今、ひしひしと感じているのはラーメン業界の変革の兆し。「たとえば、女性1人でも入りやすい空間やメニューづくりを心掛けるなど、最近ではお店側の歩み寄りも増えています」。そしてもう一つのエポックメイキングが、あのミシュランガイドにラーメン店が掲載されるようになったこと。「安くて早くて気軽というより、一食分の食事としてのラーメンの地位が向上した。それが女性客の心をつかみ始めているんだと思います。」

自らの役割を、「お店に行く前にきちんとした情報を伝えること」だという森本さん。彼女のライフワークというべきラーメン女子博は、ラーメン店に対する誤解や思い込みを拭い去るため、世界で一番間口の広いラーメンイベントを目指している。女性はもちろん男性も、ラーメン好きもそうでない人も誰だってウェルカムだ。

2019年10月3日〜8日の期間、長居公園を会場に「ラーメン女子博in大阪2019」を開催。イベント初出店のラーメン店を中心に1・2部を合わせて全20店舗が参加。スイーツや美容・健康といった女性向けのコンテンツも用意している。

KYOTO

Le sel

ラーメン小会席
2500円

MAP／P102-03・2B
Le sel
ル セル／清水

　八坂の塔の麓にお目見えした、珍しいオーガニックラーメンの専門店。東京・西麻布のミシュラン1つ星レストラン[Crony]が運営しているとあり、前菜2種から茶飯、シャーベットまでコース仕立てで提供する。ラーメンは魚介コンソメ・98％鶏白湯・動物由来一切なしのヴィーガンの3品で、有機JAS認証の野菜やNZ産のオーガニックチキンを使用している。

☎075・748・1467
京都市東山区清水4丁目
148-6
11:00～17:00[LO]
水曜休　全席禁煙
完全個室無　P無
Instagram／
le_sel_kyotoで検索

ラーメンDATA
麺:ストレート(細)　スープ:野菜

5種の野菜がピューレ状に溶け込んだヴィーガンラーメン。植物性だけとは思えないほど濃厚。食材や調味料は全てオーガニックのものを使用している

太陽と大地の恵みをコースで堪能

SHIGA

チキン野郎8

家族揃ってラーメンを
囲む幸せを

MAP／P109-19
チキン野郎8
チキンやろうエイト／彦根

「鶏白湯を近江名物に!」と躍進する[チキン野郎]の3号店は、国道8号線沿いで8種類のメニューを展開するその名も[エイト]。大型駐車場完備の広々とした店内はファミリー層にも好評で、小上がりの座敷やオムツ替え台なども用意している。老若男女を問わず楽しめるよう、系列店の中で最もマイルドなスープが自慢。国産小麦などを使った自家製麺とも相性抜群だ。

☎0749・47・5582
彦根市東沼波町768
11:00～23:00(LO／22:30)
無休、他不定休有
全席禁煙
完全個室無
P有

～～～～～～～～～～～～～～
その他のおすすめメニュー
味噌チキン野郎814円、がっつり野郎セット＋495円
ラーメンDATA
麺:ストレート(中太)　スープ:鶏ガラ、味噌、数種類ブレンドした山椒

味噌シビカラ野郎
968円

山椒の香り漂う自家製ラー油により、ピリピリと舌がマヒする感覚が快感。大人向けの一杯

玄人好み 山科区
YAMASHINAKU

ラーメン店の数は少ないが、地元住民から愛される名店がずらり。担々麺につけ麺、変わり種までその日の気分に応えてくれる。

豊富なバラエティを持つ担々麺

MAP／P105-07
担々麺 胡
たんたんめん えびす／山科

10年以上変わらぬ製法のスープを貫く担々麺は、黒ゴマ、チーズ、汁なしなどバラエティ豊富で、スープの濃さや辛さを好みで調節してもらえる。自家製のサイドメニューやデザートも充実しており、香味ソースやチリソースなどを選べる唐揚げ5個400円が人気。店内は清潔感のある空間が広がり、女性客はもちろん、幅広い層から愛されている。

☎075-591-6556
京都市山科区竹鼻竹ノ街道町74
アースビル1F東側
11:00～15:00(LO)
17:30～23:30(LO)
火曜休
全席禁煙　完全個室無　P無
Instagram／tantanmen.yebisuで検索

その他のおすすめメニュー
デザート各種200円、期間限定メニューなど

ラーメンDATA
麺：ストレート(細)　スープ：鶏ガラ、ゴマペーストなど

特製肉入り担々麺(並)
972円

秘伝のタレに漬け込んだチャーシューと、ミンチがクリーミィで濃厚なスープによく絡む

京都

ラーメン並（醤油）
750円（税込）

醤油の風味がしっかり染み込んだ自家製チャーシューは絶品。おろしニンニクや辛味噌を投入して味変を楽しんで

豚系醤油はあっさりコク旨

MAP／P105-07
ラーメン 天
ラーメン てん／山科

地元民から愛され、コアなファンが集う[ラーメン 天]。豚骨は一切使わず、丁寧に仕込んだ豚肉ベースのスープで勝負する。麺はひと玉150gとボリューム満点で、あっさりかつコク旨とあってペロリと食べられてしまう。唐揚げや餃子が付くお得なセットもあるので、ラーメンと一緒に楽しみたい。

☎075・582・3947
京都市山科区西野左義長町6-1
11:00〜翌4:00　無休
時間により禁煙（11:00〜15:00）
完全個室無　P21台

その他のおすすめメニュー
特製ラーメン950円、唐揚げ（6個）580円、餃子（7個）280円（すべて税込）
ラーメンDATA
麺:ストレート（中細）　スープ:豚肉

MAP／P105-07
中華料理 ふぁんふぁん
ちゅうかりょうり ふぁんふぁん／山科

山科の地元の人たちに愛される中華料理店の名物は、一杯で2つの味が楽しめるハーフ＆ハーフ。仕切りを設けた器に、鶏ガラと豚骨ベースにコクのある醤油と、赤味噌を少し加えた味噌の2つのスープが同居。麺は、2つ合わせて1.5玉入っているので、腹ペコ男子の胃袋を必ず満たしてくれるはず。

☎075・594・1215
京都市山科区竹鼻四丁野町29-6
11:00〜15:00
17:00〜21:00
水曜休
禁煙席無
完全個室無
P有

その他のおすすめメニュー
エビチリチャーハン850円（夜のみ）
ラーメンDATA
麺:ストレート（細）　スープ:醤油

ハーフ＆ハーフ（醤油＋味噌）
750円

特製醤油ダレに半日漬けんだチャーシューは豚のウデ肉を使用。とってもジューシー

一杯で醤油と味噌2つの味を堪能

つけ麺（並・200g）
800円

麺・スープ・4時間煮込んだチャーシューが三位一体に。ハーフの煮玉子、メンマ、海苔付き

麺力を実感する自家製麺のつけ麺

MAP／P105-07
つけ麺 夢人
つけめん ゆめんちゅ／京都薬科大学前

闘病生活から3年ぶりに復帰した店主の本田さんが、自家製麺をウリに勝負をかけたつけ麺専門店。5種の粉をブレンドした麺は、もっちりとした弾力を感じられ食べ応え満点。豚の背脂・ゲンコツ、鶏のモミジ、野菜などをじっくり煮込み、柑橘を加えてまろやかに仕上げたスープが一層麺を引き立てる。子ども連れウェルカムなのも嬉しい。

☎080・3115・7222
京都市山科区御陵中内町
38-14 都ビル1F
11:30〜14:00（LO）
18:00〜21:30（LO）
土曜、祝日11:30〜14:30（LO）
18:00〜21:30（LO）
日曜11:30〜14:30（LO）
水曜休
全席禁煙　完全個室無　P無
Twitter／yu_men_chuで検索

その他のおすすめメニュー
焦がしつけ麺（並・200g）850円、チャーシュー丼250円
ラーメンDATA　麺:ストレート（太）　スープ:鶏モミジ、ゲンコツ、野菜

侮れない郊外
KOUGAI

実はわざわざ行きたい名店の宝庫。屋台ラーメンを再現した注目の店から人気店の姉妹店まで、ドライブがてらのはしごも楽しい。

幻の屋台ラーメンがリバイバル
キラキラ輝く黄金スープに感動

MAP／P104-05・3C
繁ちゃんラーメン
しげちゃんラーメン／久御山

　1955年に枚方市で創業した屋台ラーメンの草分けが20年ぶりに復活。"繁ちゃん"とは現店主の祖父に当たる初代店主の愛称で、秘伝の製法を忠実に再現しながら昔気質の中華そばを提供してくれる。黄金色の澄んだスープは、地鶏のガラともみじ、玉ねぎから抽出したシンプルなもの。濁らせないよう細心の注意を払い、付きっきりで炊き出しているという。口に含めばほのかに甘く、老若男女を問わず日本人の郷愁を誘う味わい。また、鶏油で炒めたあっさり仕上げの炒飯も人気が高い。

☎0774-44-5525
久世郡久御山町栄2-1-146
11:00〜15:00(LO)　17:00〜22:00(LO／21:30)
土・日曜、祝日11:00〜22:00(LO／21:30)
水曜、第3木曜休(祝日の場合は営業)
時間により禁煙(11:00〜13:30)
完全個室無　P有
Instagram／shigechanramenkyotoで検索

その他のおすすめメニュー
半炒飯セット+380円、竜田揚げor唐揚げセット+380円
ラーメンDATA
麺:ストレート(中細)　スープ:鶏ガラ、もみじ

ラーメン　660円
中華そばの王道をゆく淡麗系の懐かしい味。のど越しのよい中細麺ですすり込む醍醐味を

チャーシューワンタンメン　1100円
臭みのないやわらかな自家製チャーシューと手包みのワンタンをたっぷり浮かべた豪華版

醤油の味と風味を最大限に発揮

特製醤油ラーメン味玉
810円

こってりした背脂を加え、醤油の旨みを前面に出した一杯。醤油の香りが食欲をそそる

MAP／P104-05・3B
麺処 森元 松井山手店
めんどころ もりげん まついやまててん／八幡

　醤油樽の看板がひと際目を引く通り、こちらのラーメンは醤油が特徴。木樽で熟成させるという伝統の製法を今も受け継ぐ[松野醤油]の醤油を使用し、醤油独自の甘みが最大限に活かされている。サイドメニューも充実しており、ラーメンと相性の良いチャーハンは一番人気。+230円で半チャーハン定食にできるので、一度試してみたい。

☎075・972・0310
八幡市美濃山出口13-1
11:00〜15:00(LO／14:30)
17:00〜23:00(LO／22:30)
土・日曜、祝日休
11:00〜23:00(LO／22:30)
無休　全席禁煙　完全個室無
Twitter／morigen_zigenで検索

その他のおすすめメニュー
半チャーハン定食+230円
ラーメンDATA
麺:ストレート(細)　スープ:鶏ガラ

たまり醤油 +ワサビの和の洗練

MAP／P104-05・3C
龍仙 麺屋 京都
りゅうせん めんや きょうと／城陽

　長岡京市で28年愛される[麺屋 龍仙]が、城陽市に2号店をオープン。カウンター10席のコンパクトな店内では、本店とはまたひと味違う逸品を提供している。なかでもおすすめは、京都・伏見の[小山醸造]のたまり醤油を使用した「金」。スープに添えたワサビを溶かすと、女性好みの上品な味わいに変化する。自慢のチャーシューをつまみにした豚皿も人気。

☎0774・26・0355
城陽市寺田金尾60-8
11:00〜15:00(LO／14:50)
17:00〜21:00(LO／20:50)
土・日曜、祝日11:00〜21:00(LO／20:50)
第3火曜休(月曜祝日の場合は営業)
全席禁煙　完全個室無　P無
http://www.ryu2.co.jp/

その他のおすすめメニュー
チャーシュー麺1000円、豚皿500円
ラーメンDATA
麺:ストレート(中太)　スープ:豚骨、鶏ガラ

金
800円

コリコリしてコシの強い中太麺が特徴。山盛りモヤシのシャキシャキ感とは対照的な歯触り

MAP／P104-05・4B

らーめんぎん琉 本店
らーめんぎんりゅう ほんてん／京田辺

　山手幹線沿いに店を構え、鶏ガラをじっくり煮込んだ濃厚な鶏白湯が人気の店。煮干しや鰹節、鯖節などの魚介の風味が、濃厚な鶏白湯に負けない存在感を放つ。麺は1週間寝かせた熟成麺で、よく絡んだスープとともにつるつると喉を通る。この他、旨辛な特製豚ミンチに絡めたまぜそば800円は、パンチのきいた一杯に仕上がっている。

☎無
京田辺市花住坂1-26
11:30～15:00
17:30～23:30(LO／23:00)
※金曜～24:00(LO／23:30)
土・日曜、祝日11:30～24:00
(LO／23:30)
月曜休（祝日の場合は翌日）
全席禁煙　完全個室無　P10台

ラーメンDATA
麺:ストレート(細)　スープ:鶏、魚介

とんこつラーメン
780円(税込)

力強い旨みを感じる定番の一杯。激辛の高菜をプラスして味の変化を楽しむのもおすすめ

食べるほど虜になる　濃厚豚骨

MAP／P104-05・4A

無鉄砲 総本店
むてっぽう そうほんてん／木津川

　京都からオーストラリアまで広く展開する、行列のできる超人気店。代名詞ともいえる濃厚なスープは、1日約300kgもの豚骨と水のみで仕上げるもので、ドロッとした質感で超濃厚ながらも豚骨特有の臭みは無し。中太でコシのあるちぢれ麺との相性も抜群で、食べるほどに虜になるはず。コラーゲンも豊富で、女性のリピーターも多いというのも納得。

☎0774・73・9060
木津川市梅谷髭谷15-3
11:00～15:00、18:00～23:00
※売り切れ次第終了
月曜休（祝日の場合は営業）
全席禁煙
完全個室無　P有
http://www.muteppou.com/

その他のおすすめメニュー
とんこつチャーシュー980円、限定ラーメン800円、ギョーザ420円（全て税込）

ラーメンDATA
麺:ちぢれ(中太)　スープ:豚骨

存在感溢れる　魚介鶏白湯スープ

魚介鶏白湯チャーシューメン
930円

丼一面を華やかに彩るチャーシューは、香ばしい炙りとホロリととろけるレアから選択可能

MAP／P106-12

麺屋 ソミーズ
めんや ソミーズ／福知山

　古着と旧車、ラーメンを愛する店主が振る舞うのはナチュラルな無化調ラーメン。スープはあっさりとこってりの2種を用意し、そこに6種のラーメンと週末には限定ラーメンが登場する。トッピングは、低温調理したレアチャーシュー＋130円が人気。この他、三温糖を加えた魚介系ブラウンシュガーなどのメニューもあり、リピーターも多い。

☎非掲載
福知山市駅前町24
11:30～13:45
土・日曜、祝日11:00～13:45
※昼夜とも売り切れ次第終了
火・水曜休　全席禁煙
完全個室無　P有(土・日曜、祝日のみ)

その他のおすすめメニュー
厚切りレアステーキ500円

ラーメンDATA　麺:ストレート(中太)　スープ:鶏ガラ、豚骨、煮干し

濃厚煮干
950円

丁寧に処理した煮干しは上品な香り。力強いスープには、全粒粉入りの麺がベストマッチ

力強いスープと　繊細な煮干しの風味

京都

スケアクロウ天宝
スケアクロウてんほう／京田辺

MAP／P104-05・4C

2011年に一乗寺から移転した焼酎バー&ラーメン店。20年以上ラーメン一筋を貫いてきた店主が生み出したオリジナルメニューが並ぶ。炒めた野菜をじっくり煮込んで作る角煮、数種類のスパイスをブレンドすることでコクを出した辛口麺870円など食欲をそそるメニューがラインナップ。

☎0774・26・3179
京田辺市田辺中央1-7-9 ベル新田辺1F
18:00〜24:00
金・土・日曜のみ営業　全席禁煙　完全個室無
P無（コインパーキング利用者は100円引き）
Twitter／sc_tenhouで検索

その他のおすすめメニュー
からあげ470円、カレーラーメン800円

ラーメンDATA
麺:ストレート（中細）　スープ:鶏ガラ、豚骨

角煮ラーメン
900円

スープは、豚骨と鶏ガラベースでコクがあり、甘辛と甘さ控えめの2種類から選ぶタレ、とろとろの角煮とあんがマッチ

甘辛の角煮と濃厚スープが出合う

麻辣担々麺
780円

トッピングの3つの朝天唐辛子が辛さを想像させる。四川花山椒を添えて香りも楽しんで

激辛の朝天唐辛子が香る

三国志
さんごくし／三室戸

MAP／P104-05・3C

担々麺と四川麻婆豆腐の専門店。店主は横浜・中華街の広東料理店で10年間修業を積んだ後、地元の宇治で独立した。子どもでも食べやすい担々麺をはじめ、刺激的な麻辣担々麺、激辛地獄の麻辣担々麺など、多彩な9種類がラインナップ。四川省の朝天唐辛子や花山椒を使用した本場の風味で、中国人留学生からも親しまれている。

☎0774・20・3556　宇治市菟道丸山1-116
11:30〜14:30(LO／14:00)
18:00〜21:00(LO／20:30)
月・火曜休　全席禁煙　完全個室無　P無
Facebook／四川麻婆豆腐・担々麺専門店 三国志で検索

その他のおすすめメニュー
麻婆豆腐780円

ラーメンDATA
麺:平打ち（中太）　スープ:鶏ガラ、豚骨

なのにラーメン

今話題の⁈

ラーメン専門店ではないけれどこだわりの一杯や「旨い」と評判の一杯を提供している店。マニアの間では「なのに系」と呼ばれ、注目を集めている。

焼き鳥店なのに…

京都醤油ラーメン
850円

麺は中細のストレート麺で、さらりと食べられる。トッピングはシンプルだが脂が程良く乗った国産豚の腕肉のチャーシューはやわらかくて美味しく、スープに負けない存在感

新鮮な地鶏を使った昼限定ラーメン

MAP／P102-03・2A

京のじどり屋 晃
きょうのじどりや あき／錦御幸町

京都産の朝引き地鶏を楽しめる焼き鳥店が、今年3月から昼限定でラーメンを提供。味が濃い京赤どりと豚骨をしっかり煮込んだスープは、コクがあり奥深い味わい。「昔ながらの愛されるラーメンの味」をイメージしたという京都醤油ラーメンは、[澤井醤油]の醤油を独自にブレンドしてあっさりと仕上げており老若男女に好評だ。西京味噌と八丁味噌を使った濃厚辛味噌ラーメンも魅力的。

☎050・5592・1784
京都市中京区錦小路通御幸町上ル船屋町398
12:00〜14:30(LO／14:00)
17:00〜23:00(LO／22:30)
水曜休、他木曜不定休
時間により禁煙(12:00〜14:30)
完全個室無　P無
Instagram／kyonojidoriyaで検索

その他のおすすめメニュー
京赤地どりの炭火焼き盛り合わせ(5本)850円
ラーメンDATA　麺:ストレート(中細)　スープ:鶏ガラ、豚骨

カレー店なのに…

カレーつけ麺
850円

担々麺を思わせる豚挽肉入りのカレースープ。チキンソテーは塩味でシンプルな味付け

旨辛があと引く担々麺風カレー

MAP／P103-04・2B

佰食屋1/2
ひゃくしょくや にぶんのいち／四条壬生川

1日100食限定メニューをめざして行列をなす[佰食屋]の4店舗目。こちらは100食の半分＝50食限定で、ビーフカレー、チキンカレー、さらに9種のスパイスが香るカレーつけ麺が味わえる。食べた瞬間は青唐辛子の爽やかな辛さ、最後に赤唐辛子のまろやかな辛さと、二段階の旨辛が押し寄せるカレーつけ麺。ワンプレートに麺とごはん、両方味わえることで満足度も2倍という、アイデアにも脱帽。

☎075・802・2323
京都市中京区壬生椰ノ宮町15-17
11:00〜14:00(LO)
日曜休
全席禁煙
完全個室無
P無
https://hyakushokuya.com/

その他のおすすめメニュー
国産牛ビーフカレー1000円、国産鶏チキンカレー890円
ラーメンDATA　麺:ストレート(中細)　スープ:鶏ガラ

旬華そば
950円

甘みを感じるバリ島の塩が、甘鯛やヒラメ、金目鯛など本日のダシネタの旨みを引き上げる。塩麹玉子+108円

居酒屋なのに…

すっぽんラーメン
1050円

すっぽんのスープを気軽に味わうことができる嬉しいメニュー。濃厚な旨みとすっきりとした味に感激。数量限定

酒場なのに…

魚だしラバーが増加中

MAP／P103-04・2C

ワイン & シャンパン 358
ワイン & シャンパン ザコヤ／東洞院蛸薬師

　京都を代表する海鮮居酒屋が手掛けるこちらでは、魚ダシとトリュフがブワッと香る「トリュフ香る旬香そば」が楽しめる。スープに高級魚のアラを投入する贅沢感と、グループ店舗で出たアラを大量に使う"食べ残しゼロ"の発想には感服。麺を平らげた後の追いメシもおすすめなので、夢中でスープを飲み干さないようにご注意あれ。専門店[メントメシザコヤ]も計画中。

☎075・231・3580
京都市中京区東洞院通蛸薬師下ル
元竹田町631-3
エステートビル四条烏丸B1F
15:58～23:58
日曜休、他不定休有　禁煙席有
完全個室無　P無
http://www.zacoya.com/

～～～～～～～～～～～～
その他のおすすめメニュー
前菜盛合せ850円～、ブイヤベース1800円
ラーメンDATA
麺：ストレート(細)　スープ：季節の魚、昆布、野菜など

すっぽんダシの貴重なラーメン

MAP／P101-02・3A

町屋のラーメン酒場 K
まちやのラーメンさかば ケイ／上七軒

　町家をリノベーションしたラーメン酒場。小上がり座敷とテーブルがあり使い勝手も良い。鶏ガラベースの元祖醤油ラーメンやスパイシーな坦々麺も人気だが、特に目を引くのがすっぽんラーメン。黄金色のスープは透き通っており、深い味わいで、コラーゲンも豊富。一度は味わっておきたい逸品だ。また、自家製ぎょうざやだし巻きなど豊富な一品250円～も充実している。

☎075・467・9611
京都市上京区片原町513
18:30～23:30
日曜17:30～21:00(LO)
日曜、毎月25日は11:30～15:00(LO)
も営業　木曜休
時間により禁煙(11:30～15:00)
完全個室無　P無

～～～～～～～～～～～～
その他のおすすめメニュー
牛すじ430円
ラーメンDATA
麺：ストレート(細)　スープ：すっぽん

堂々の大津
OHTSU

言わずと知れたラーメン激戦区。実力派が揃い踏みのなか、新天地を求めて新たに店を構える店主も多く集うエリア。

湖国生まれの醤油の味にうっとり

特製十二分屋そば 930円（税込）
自慢のハマグリだしに「水谷醤油醸造場」の本醸造醤油が溶け込んだ、すっきりとキレのある味

MAP／P108-16

近江熟成醤油ラーメン 十二分屋 膳所店
おうみじゅくせいしょうゆラーメン じゅうにぶんや ぜぜてん／膳所

醤油ラーメンを中心に鶏白湯や貝だし、辛海老、豚骨、つけ麺など、多種多彩なメニューを展開する［十二分屋］。なかでもイチオシは、滋賀県内の各醸造所から取り寄せた近江醤油の特製ラーメン。湖国の風土が育んだ淡麗な醤油の味がスープの中に溶け込んでいる。また、お腹いっぱい食べたい人は野菜＆チャーシュー山盛りの次朗和え麺（膳所店限定）をぜひ。キッズメニューもあるので、子供連れでも来店しやすい。

☎077・523・3322
大津市木下町18-23
11:00～22:00
月曜休（祝日の場合は営業）
全席禁煙
完全個室無
P有（共用）
Instagram／aimeng6468で検索

その他のおすすめメニュー
次朗和え麺900円、鶏白湯（醤油）850円（すべて税込）

ラーメンDATA
麺：ストレート（細）　スープ：ハマグリ、昆布、鶏白湯

滋賀

MAP／P108-16
ラーメン 桃李路
ラーメン とうりみち／石山

ラーメンや炒飯など、すべてのメニューは化学調味料無添加。東京や横浜中華街で腕を振るったベテラン店主がこだわりのラーメンを提供する。醤油ラーメンは、鶏ガラに豚骨、魚介を合わせた口当たりのよい甘めのスープが美味。ほかにもコラーゲンたっぷり濃厚スープのトンコツラーメンやサラダ仕立ての塩ラーメンなど、豊富なメニューが揃う。

☎077・575・0277
大津市鳥居川町8-5
11:00～14:00
18:00～21:30(LO)
火曜休
全席禁煙
完全個室無
P8台

その他のおすすめメニュー
鶏唐揚600円、特選炒飯(スープ付き)750円、鉄鍋焼ごはん600円

ラーメンDATA
麺：ストレート(中太)　スープ：鶏ガラ、豚骨、魚介

個性溢れるラーメンがずらり

醤油ラーメン
820円

あいぼーくを使ったチャーシューや、豚ワンタン、海老ワンタンなど盛りだくさん

焼きアゴ醤油麺
830円

国産銘柄鶏のダシに焼きアゴの香りを移した香り高いスープに、北海道産小麦の細麺を合わせて

和食の料理人による滋味深い一杯

MAP／P108-14
らーめん みふく
らーめん みふく／大津

日本料理店で20年間腕を振るった店主が、ラーメン店へと大胆に転身。和食の技を随所に盛り込む繊細な一杯を提供してくれる。看板メニューは「焼きアゴ醤油麺」。長崎県産の炭火で炙った焼きアゴと、滋賀県愛荘町で古式製法を守り続ける[丸中醤油]を合わせたスープが味わい深い。中国山椒入りの自家製麻辣油の醤油麺やまぜそば「みふジロー」も人気。

☎非掲載
大津市御幸町4-30
田中市コーポ1F
11:30～14:00(LO／13:45)
18:30～22:00(LO／21:45)
日曜休　全席禁煙
完全個室無　P無
Facebook／らーめん みふくで検索

その他のおすすめメニュー
みふジロー900円、麻辣醤油麺880円

ラーメンDATA
麺：ストレート(細)　スープ：魚介、鶏ガラ

MAP／P108-16
らー麺 鉄山靠 瀬田本店
らーめん てつざんこう せたほんてん／瀬田

瀬田川で獲れたしじみをダシに使った瀬田しじみらー麺は、当初期間限定だったが、評判になって通常メニューに。圧力寸胴鍋を使って、豚の背ガラや豚足などから旨みを残らず抽出したこくまろ塩とんこつらー麺750円と並び、店の看板メニューに成長している。つるつるモチモチした自家製麺はしじみのスープとともに、風味豊かなハーモニーを奏でる。

☎077・548・9756
大津市萱野浦25-1 ALTA萱野浦ビュー1F
11:00〜14:30
18:00〜22:00（LO／21:30）
※スープがなくなり次第終了
月曜休（祝日の場合は翌日）
全席禁煙 完全個室無 P有

その他のおすすめメニュー
台湾まぜそば850円
ラーメンDATA
麺：ちぢれ（中太） スープ：しじみ、薄口醤油

滋味豊かな瀬田のしじみを味わう

瀬田しじみらー麺
850円

たっぷりのしじみのダシと厳選した薄口醤油を返しに使ったスープは最後まで飲み干せる

担々麺
880円（税込）

ゴマとピーナッツのクリーミーなスープに、山椒オイルとラー油がピリリと利いた一杯

メニューを厳選し大津でリスタート

MAP／P108-14
麺匠 眞 -shin-
めんしょう しん／大津

京都府庁前にあった［拉麺さわら木］が7月、滋賀県庁のほど近くに移転オープン。京都時代から人気があった品の中から厳選したメニューを展開しており、丸鶏と野菜を8時間煮込んだ鶏白湯拉麺850円や担々麺、暑い季節にピッタリの新メニュー、檸檬拉麺850円（限定15食）などが人気を集める。定番の煮干拉麺780円は、煮干しがきいた落ち着きある味わい。（すべて税込）

☎090・6737・8231
大津市松本1-4-2
11:30〜14:15、17:00〜19:45
※夜はスープがなくなり次第終了
月曜・祝日夜、土曜休 全席禁煙 完全個室無 P無

その他のおすすめメニュー
冷やし担々麺980円（夏季限定）（税込）
ラーメンDATA
麺：ストレート（中細） スープ：鶏ガラ、豚骨

滋賀

鶏と水だけで炊いた上品スープ

鶏の白雪麺（ごはん付き）
800円
具材は温玉やセセリ、四万十川のアオサ海苔。最後にごはんを投入して、雑炊をどうぞ

MAP／P108-14
志那そば 大津 天下ご麺
しなそば おおつ てんかごめん／浜大津

　鶏と水だけで炊いた上品な味わいの鶏の白雪麺、地鶏と魚介スープで仕上げる近江地鶏麺といったラーメンの数々は、カリスマ職人の故・佐野実氏直伝。店主自身、某テレビ番組のラーメン企画で準優勝に輝いた。この他、さっぱり塩つけ麺などオリジナリティに満ちたメニューは、いずれも鶏の豊かな旨みをさっぱりと仕上げた至極の一杯となっている。

☎077・527・2877　大津市浜大津4-7-35
11:00～23:00　日曜、祝前日～21:00
月曜休（祝日の場合は営業）
全席禁煙　完全個室無　P無
Twitter／02tenkagomenで検索

その他のおすすめメニュー
鰹武士麺800円、近江塩鶏麺800円
ラーメンDATA
麺：ストレート（細）　スープ：鶏白湯

MAP／P108-16
かなだ屋
かなだや／石山

　ラーメンを出す直前、煮干しや小魚などからとった和風だしをサッと合わせるのがこだわり。豚骨と和風だしを合わせたスープは、最後まで飲み干せるほどの美味しさ。口の中いっぱいに広がるスープのコクと香りを楽しんで。ジューシーでパリッとした鶏の唐揚げや、餃子などサイドメニューも充実しているので、お腹を空かせて訪れよう。

☎077・534・9921
大津市粟津町6-10
11:30～24:00
日曜、祝日～22:30
水曜休
禁煙席無
完全個室無
P無

～～～その他のおすすめメニュー～～～
みそラーメン650円、からあげ380円、餃子270円
ラーメンDATA
麺：ストレート（細）　スープ：豚骨、魚介

かなだ屋ラーメン 700円
細ストレート麺なので、ツルツルとしたのど越しが楽しめる。キクラゲの食感がアクセント

直前に合わせる豚骨と和風だし

ごはんと合わせて食べたい 豚骨醤油

魂心らーめん 820円（税込）
味付きチャーシューと炙りチャーシュー、味玉、ウズラと豪華なトッピングが楽しめる

MAP／P108-14
横浜家系ラーメン 大津 魂心家
よこはまいえけいラーメン おおつ こんしんや／膳所

　関東から北陸、関西に店舗を展開する横浜家系ラーメンの人気店。濃厚な豚骨醤油のスープに自家製の中太麺という家系のスタイルを守りつつも、「ライスに合うラーメン」を追求する。毎年10月から5月まで限定で展開するとんこつ味噌ラーメン700円は、スープに白味噌を加え、豚骨の甘みを引き出した一品。この一杯を待ち望むファンも多数いるそう。

☎077・526・3122
大津市馬場3-16-50
11:00～翌3:00（LO）
無休
全席禁煙　完全個室無　P有
http://konshinya.com/

～～～その他のおすすめメニュー～～～
濃魂つけ麺800円（税込）
ラーメンDATA
麺：平打ち（中太）　スープ：豚骨、鶏ガラ

滋賀

らーめん 与七
らーめん よしち／堅田

MAP／P107-13・3A

釜ひとつ分のスープの仕込みに40〜50kgもの豚の背骨や丸骨を使い、髄が溶け出すまで強い火力で炊き続けた濃厚な豚骨スープが自慢。上質の国産豚の豚骨を高火力で炊き上げるため、独特の臭みがないのも嬉しい。途中で味付け高菜を投入すれば、ピリ辛味が加わりさらに食欲をかき立てる味わいに。さっぱりダレを絡ませるまぜそばも必食メニューだ。

☎077・574・4747
大津市今堅田2丁目40-25
11:00〜15:00、18:00〜23:00
火曜休
全席禁煙
完全個室無
P9台
Twitter／0KiSe8vqsJ0oYf0で検索

その他のおすすめメニュー
とんこつつけ麺900円、味噌とんこつらーめん830円、チャーシュー丼400円

ラーメンDATA
麺:ちぢれ(中太)　スープ:豚骨

豚骨のみで勝負、濃厚スープに感動

とんこつらーめん
750円

豚骨の旨みを余すところなく溶かし込んだ、他にはないどろどろとしたスープが特徴

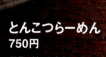

真っ赤なスープはクセになる旨さ

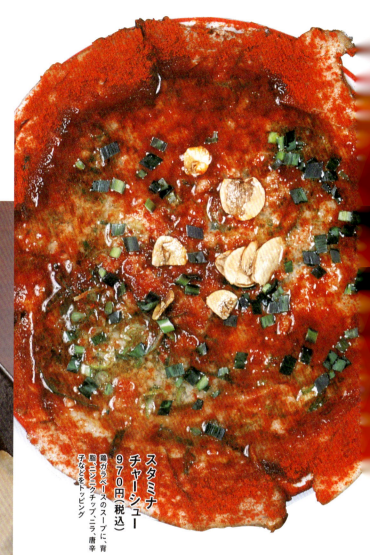

スタミナチャーシュー
970円(税込)

鶏ガラベースのスープに、背脂、ニンニクチップ、ニラ、唐辛子などをトッピング

中華そば 殿 雄琴店
ちゅうかそば との おごとてん／雄琴

MAP／P107-13・3A

丼一面を覆う真っ赤な唐辛子パウダーが目を引くスタミナそばは、「常に進化を目指す」という店主の情熱が注がれた一杯。唐辛子のインパクトが大きいものの見た目ほど辛くなく、ひと口食べればその美味しさにハマってしまいそう。背脂チャッチャ系の「中華そば殿」はコクがありまろやかなスープが美味。炒飯や唐揚げとのセットメニューもある。

☎077・579・7717
大津市雄琴町3丁目531-1
11:30〜24:00(LO)
金・土曜は〜翌1:00(LO)
月曜休
禁煙席無
完全個室無
P15台

その他のおすすめメニュー
中華そば殿700円、特製スタミナそば800円
唐揚げ(5個入り)530円(すべて税込)

ラーメンDATA　麺:ストレート(中細)　スープ:鶏ガラ、豚骨

麺ロードの湖南

KONAN

油そば(並・大・Wすべて)
780円(税込)
麺量は160g・240g・320gから選べて同一料金。全12種のトッピングを自由に組み合わせて

栄養満点&ヘルシーな自家製麺

MAP／P108-15
東京油組総本店 滋賀組
とうきょうあぶらぐみそうほんてん しがぐみ／草津

首都圏を中心に展開する油そば専門店が、関西に先駆けて滋賀1号店をオープン。老舗製麺所と共同開発した自家製麺は、小麦の外皮の内側にあるアリューロン層を豊富に取り込み、栄養価が高くモチモチとした歯触りに仕上げている。ベースの油そばにトッピングを加えて自分好みにするのが楽しく、きざみ玉ねぎ・柚子胡椒・ニンニクは無料でサービス。

☎077・567・0323
草津市西大路町9-7
11:00～翌2:00※麺がなくなり次第終了
無休
全席禁煙
完全個室無
P4台
https://www.tokyo-aburasoba.com/

その他のおすすめメニュー
水餃子200円、辛味噌油そば(並・大・Wすべて)860円(税込)

ラーメンDATA
麺:ストレート(中太)　スープ:特製ダレ

豚骨に醤油、煮干しに油そばまで多種多様のスープが一堂に揃う、誰もが頷く湖国のラーメン街道。

滋賀

煮干し香る旨み スープで魅了

MAP／P107-13・4A
煮干しらぁめん じんべえ
にぼしらぁめん じんべえ／草津

つけ麺専門店［二天一流］が新境地を求めて、濃厚豚骨から煮干しへと変身。10種類以上の煮干しをブレンドするダシが特徴で、境港のカタクチイワシや伊吹いりこ、さらに羅臼昆布も使用。かえしに、生醤油と熟成みりんを足して、料亭さながらのスープが完成する。煮干しの旨みが凝縮したつけ麺や変わり種の鮟肝蕎麦もおすすめ。

☎077・569・5619
草津市笠山5-1-68
11:00～15:00(LO／14:30)
18:00～21:00(LO／20:30)
月曜、火曜夜休
全席禁煙
完全個室無　P15台
Twitter／jinbe_oumiで検索

その他のおすすめメニュー
濃厚煮干つけ麺900円、鮟肝蕎麦900円
ラーメンDATA
麺:ストレート(中細)　スープ:煮干、羅臼昆布

淡麗煮干らぁめん
780円
煮干しの風味が食欲を掻き立てる深い旨みの一杯。自家製麺との相性も確かめて

ガッツリ食べたい 盛り盛りまぜそば

元祖まぜそば
850円
焦がしチャーシュー、大量のもやし、キャベツを自家製麺に絡めて。最後はごはんを投入！

MAP／P108-15
ラーメンこんじき南草津店
ラーメンこんじきみなみくさつてん／南草津

今出川店、深草店と京都で2店舗を構える人気の［こんじき］が滋賀に進出。鶏ガラや丸鶏を煮込んだ濃厚でクリーミィな鶏白湯を受け継ぎながら、南草津店で人気を博すのは元祖まぜそば。見た目のインパクトに負けないガツンとした食べ応え、ジャンクな美味しさがクセになる。あっさり派には、南草津店限定の煮干しベースの日本の極みがおすすめ。

☎077・599・5077
草津市矢倉2-28-3
11:00～15:00(LO)、18:00～翌4:00
日曜～21:00(LO)
不定休　時間により禁煙
(11:00～15:00、18:00～21:00)
完全個室無　P16台
https://ramen-konjiki.com/

その他のおすすめメニュー
鶏白湯(醤油・塩)800円、日本の極み(醤油)750円
ラーメンDATA
麺:ストレート(太)　スープ:鶏

MAP／P107-13・3B
中華料理 オーパスワン
ちゅうかりょうり オーパスワン／野洲

「牛乳でも入っているの？」と客から聞かれるほど、まろやかでクリーミィな担々麺が不動の名物だ。料理長は蘇州出身の中国人シェフ劉さん。あっさりとして食べやすい上海料理を得意とし、辛味と甘みのバランスが絶妙な独自の担々麺を生み出した。ランチタイムはセットや定食、ディナーでは上海名物の大きな肉団子1380円や、スペアリブの黒酢あんかけ1080円などが人気。

蘇州出身シェフが手掛ける本格派

☎077・586・6028
野洲市三宅2531
アルテールななのい1F
11:00～14:00
17:30～22:00（LO／21:30）
水曜、第1・3木曜休　禁煙席無
完全個室無
P10台（共用）

その他のおすすめメニュー
手作り餃子（5個）380円
ラーメンDATA
麺：ストレート（中細）　スープ：鶏ガラ、豚骨

担々麺
880円
豚のゲンコツ・鶏ガラ・丸鶏から煮出した濃厚スープが自慢。練り胡麻でまろやかに

ラーメン
650円
モチモチ感の強い短めの太麺は独特のカットで、旨みのあるスープへの馴染みも良い

MAP／P109-18
横浜家系 ラーメン秀吉家
よこはまいえけい ラーメンしゅうきちや／守山

太めの麺に豚骨醤油の"横浜家系"をはじめ、数々のラーメン店で研鑽を積んだ店主が腕を振るうこちら。ラーメンは国産豚を使ったチャーシューに緑鮮やかなほうれん草、大ぶりの海苔3枚という家系定番のビジュアルで、麺の太さやスープの濃さ、油の量が選べて、好みの味が選べる。風味豊かなスープは、ごはんと一緒に味わうのもおすすめ。

☎077・583・2002
守山市勝部5-3-38
11:30～15:00（LO／14:30）
17:00～24:00（LO／23:30）
日曜は11:30～20:00（LO／19:30）
月曜休
全席禁煙
完全個室無　P3台

滋賀では貴重な"家系"スタイル

その他のおすすめメニュー
ミニラーメン450円、餃子250円、炙りチャーシュー丼350円
ラーメンDATA
麺：ちぢれ（太）　スープ：豚骨、鶏ガラ

滋賀

MAP／P109-18
麺屋 白頭鷲
めんや はくとうわし／守山

連日ラーメン通が訪れる人気店がこちら。店主が「滋賀で一番スープに原価をかけている」というスープは、鶏ガラやゲンコツ、魚節を惜しげもなく使い、こってりしながらもバランスのよい仕上がりに。食べ応えのある極太麺とともにひと口すすれば、しっかりした旨みが伝わってくる。ドロリとした濃厚なつけ汁で味わうつけ麺も、後を引く美味しさ。

☎077・532・7342
守山市大門町297-2
11:00～13:30(LO)
18:00～19:30(LO)
不定休
全席禁煙
完全個室無
P8台

その他のおすすめメニュー
つけ麺900円、特製ラーメン1000円、味玉ラーメン900円
ラーメンDATA
麺：平打ストレート(太)　スープ：鶏ガラ、豚骨、魚介

濃厚な極旨スープがクセになる

ラーメン　800円
自家製麺は通常で200gとボリュームたっぷり。歯応えのある麺にスープがしっかり絡む

白ラーメン　680円（税込）
臭みのない純豚骨スープは老若男女を問わず食べやすい。歯切れのよい自家製麺も押し

MAP／P108-15
博多麺道楽
はかためんどうらく／栗東

博多仕込みの純豚骨ラーメン。意表を突くほどまろやかな白湯に、丸1日熟成させてパツッとした歯応えの自家製麺がよく絡む。店主イチオシの白ラーメンを筆頭に、辛味噌入りの赤ラーメン、マー油（焦がしニンニク油）風味の黒ラーメン、さらに関西では珍しい純豚骨の博多ちゃんぽんも提供している。特玉200円はチャーシュー。味玉、ねぎ付きのお得な替え玉なので挑戦してみよう。

☎077・554・0118
栗東市綣10-1-26
11:00～15:00(LO／14:45)
18:00～22:00(LO／21:45)
火曜、月曜夜休(祝日の場合は営業)
全席禁煙
完全個室無　P8台
Facebook／博多麺道楽で検索

その他のおすすめメニュー
チャーシュー丼(単品)380円、(セット)280円
博多チャンポン800円(すべて税込)
ラーメンDATA
麺：ストレート(細)　スープ：豚骨

博多出身の店主が披露する純豚骨

一人でも野菜を食べたい時が好日

麻辣湯 730円
自ら選ぶ具材3品＋サツマイモの春雨太麺。麺や具材は追加料金で増やすことも可能だ

痺れる旨さの純正豚骨スープ

のうとん 750円
豚骨スープ、極細麺、チャーシュー、キクラゲ、ネギ、紅しょうがと、ザ・豚骨ラーメンの一杯

MAP／P108-15
麻辣屋 Shang Shang Tang
まーらーや シャンシャンタン／南草津

「女性でも一人で入れる食堂があればいいな」と考えていた店主の森さんが、上海在住時代に通った庶民の食堂で食べた、マーラータンにインスパイアされて開店。毎朝手づくりする山椒や唐辛子、八角などスパイス約20種から作る旨辛スープがクセになると評判。具材は旬の野菜を中心に20種ほどから自ら選ぶスタイル。麺は春雨やフォーなどからチョイスできるのが嬉しい。

☎077・562・7267
草津市南草津5-2-8 レッド＆ブルー1F
11:00～15:30（LO／15:00)
17:00～22:00（LO／21:30)
月曜、第4火曜、木曜夜休　全席禁煙
完全個室無
P3台
https://shangshangtang.shiga-saku.net/

その他のおすすめメニュー
極上小籠包(3個)550円、火鍋(小鍋)1050円

ラーメンDATA
麺：春雨、中華麺、フォー、ビーフンの中から選択　スープ：豚骨、鶏

MAP／P108-15
博多とんこつ 真咲雄
はかたとんこつ まさお／草津

豚骨スープを極める九州男児の坪井店長が、博多ラーメンの真骨頂を披露。豚骨と水だけを毎日追い足して作るスープは、豚骨の風味をダイレクトに感じさせる。博多から取り寄せる極細麺に合わせた「のうとん」は、客の7割以上がオーダーする人気メニュー。もつ鍋と豚骨を掛け合わせた「もつとん」もおすすめで、たっぷりの野菜ともつが楽しめる。

☎077・532・3476
草津市穴村町250-6
11:00～15:00（LO)
18:00～21:30（LO)
火曜休
全席禁煙
完全個室無　P25台
http://www.ramen-masao.com/

その他のおすすめメニュー
みそ850円、もつとん1300円

ラーメンDATA
麺：ストレート(極細)　スープ：豚骨

滋賀

骨の髄まで抽出した
とろみスープ

味玉鶏そば
850円
鶏や野菜の旨みが凝縮された
スープは絶品。やわらかな豚
バラチャーシューも美味

鶏と豚骨（醤油）
750円
豚足や豚の丸骨、鶏ガラなどを炊い
た濃厚スープと、中細のストレート
麺が好相性

クリーミィなスープは
後引く旨さ

MAP／P109-18
菩子母鼓
ぼこぼこ／守山

近江八幡の名店［いっこく］で修業を重ねた店主が腕を振るうラーメン店。一番人気は鶏と豚骨で、スープの表面にコラーゲンの膜が浮かび上がるほど、豚骨や鶏ガラをとろとろに炊いているが、のど越しは滑らか。スルスルと中細のストレート麺をいただくことができる。あっさり好きには、鰹と鯖節、煮干しに鶏ガラの鶏と魚750円もオススメなので、ぜひ。

☎077・581・1118
守山市守山6-8-14-1
11:30～14:30
18:30～21:30
月曜休
全席禁煙
完全個室無
P13台（共用）

その他のおすすめメニュー
ピリ辛まぜそば(並)750円、カレーまぜそば(並)750円、チャーシュー丼300円
ラーメンDATA
麺:ストレート(中細)　スープ:鶏、豚骨

MAP／P109-18
麺や 結
めんや むすび／守山

店の"顔"でもある自慢のスープは鶏白湯。おすすめの味玉鶏そばは、大量の鶏ガラ、モミジ、香味野菜を、コラーゲンのとろみが出るまで炊き出したスープに鶏の旨みが凝縮され、大人にも子どもにも好まれる味わい。細ストレート麺との相性も抜群だ。たっぷりの白髪ねぎや、トロリとした味玉などトッピングの盛り付けも美しい一杯になっている。

☎非掲載
守山市勝部3丁目8-24
11:00～14:00(LO)
18:00～21:30(LO)
火曜夜、水曜休
全席禁煙
完全個室無　P11台
Facebook／麺や 結で検索

その他のおすすめメニュー
坦々鶏そば850円(昼・夜各10食)、蘭王の卵かけご飯250円、自家製杏仁豆腐250円
ラーメンDATA
麺:ストレート(細)　スープ:鶏ガラ、モミジ、野菜

MAP／P107-13・3B
来来亭 野洲本店
らいらいてい やすほんてん／野洲

　鶏ガラをベースにたっぷりの背脂を浮かせた醤油ラーメンは、あっさりした味わいとコク深さを両立。麺の硬さや醤油の濃さ、背脂の量、チャーシューの種類がチョイスできるので、自分好みのオーダーを持つファンも多い。餃子や点心にも力を入れており、チーズの上にパプリカパウダーをかけたチーズのせ餃子(6個)400円(税込)など、サイドメニューも豊富。

☎077・587・5556
野洲市妙光寺290
11:00〜24:00
第3水曜休(変更有)
完全禁煙　完全個室無　P有

その他のおすすめメニュー
チーズのせ餃子(6個)400円(税込)
ラーメンDATA
麺:ストレート(細)　スープ:鶏ガラ

広く人気のクリアな鶏ガラスープ

ラーメン
700円(税込)

クリアな鶏ガラの旨みとコクが、子どもからお年寄りまで、幅広い層に支持されている

MAP／P108-17
麺屋 航
めんや こう／栗東

　すっきりと澄みきった鶏清湯スープで支持を集める話題店。洋食のシェフの経験を持つ店主の渋谷航さんが、滋賀県産の地鶏の胴ガラとモミジを丁寧に煮出して仕込んでいる。トッピングには、国産豚のウデ肉のレアチャーシューやざく切りにした京都産九条ネギをチョイス。シンプルながらベストな組み合わせに箸が止まらない。5人までOKの座敷も完備。

☎050・3577・6320　栗東市辻239-2
11:00〜14:30(LO／14:00)
17:00〜23:00(LO／22:30)
火曜休　全席禁煙　完全個室無　P5台
Twitter／fromhome15で検索

その他のおすすめメニュー
札幌味噌ラーメン820円、
唐揚げ(3個)ご飯セット300円
ラーメンDATA
麺:ストレート(中太)　スープ:鶏ガラ、豚骨

飲み干す旨さの透き通る鶏清湯

鶏醤油そば
700円

醤油タレの鶏清湯スープともっちりとした中太麺が相性抜群。雑味がなく後味もすっきり

本格中華の技が光る 豚の角煮

豚の角煮ラーメン 800円
2時間蒸した豚角煮は、ホロリと口にとろけるやわらかさ。4時間以上煮込んだスープとの相性も抜群で、タレの香りが食欲をそそる

MAP／P108-17
華楽
からく／栗東

　本格的な中華料理を学んできた店主が腕を振るうラーメン店。豚の角煮ラーメンが評判で、揚げる、蒸す、煮るといったプロセスを丁寧に施した豚角煮は、箸を入れるとホロリと切れるやわらかさ。ラーメン以外にも、自家製豆板醤を使った麻婆豆腐700円などが人気で、特に夜は一品料理が充実。大勢で訪れ、いろんなメニューを試してみたい。

☎090・9099・3939　栗東市辻526-1
11:30～14:00(LO／13:45)
17:00～22:00(LO／21:30)
不定休　時間により禁煙(11:30～14:00)　完全個
P有(共有)　Instagram／karaku3939で検索

その他のおすすめメニュー
麻婆豆腐700円
ラーメンDATA
麺：ストレート(細)　スープ：鶏ガラ、豚骨

懐かしさを感じる 王道の中華そば

中華そば(並)700円、生卵+50円
細麺とシンプルなスープが安定感抜群の昔ながらの中華そば。好みでニンニクの醤油漬けをプラス

MAP／P108-15
中華そば 満丸
ちゅうかそば まんまる／草津

　昔ながらのほっとする中華そばは、長時間じっくり煮込んだ豚骨と鶏ガラのスープが肝。ストレートの細麺とよく合う。また、豚バラと豚ロースの2種類を使った自家製チャーシューも味わい深い。卓上のニンニクの醤油漬けを加えるとコクが出て、味が変化するので試してみて。

☎077・562・0240
草津市野村3-7-28
11:00～16:00
金・土曜～20:00
月曜休、他不定休有
全席禁煙
完全個室無　P6台
Instagram／manmaru_ramenで検索

その他のおすすめメニュー
チャーシュー丼(小)500円、
おつまみ(チャーシュー盛り)600円
ラーメンDATA
麺：ストレート(細)　スープ：鶏ガラ、豚骨

多くの人を虜にする
鶏白湯完成形

鶏白湯 塩
800円
鶏の旨みをじんわり味わうスープに平打ちの中細麺がよく合う。他に醤油とマー油もあり

激戦区の湖東 KOTOU

ラーメン激戦区の彦根をはじめ、ラーメン好きが集う湖東エリア。人気店はもちろん、有名店で修業を積んだ店主の出店も増えている。

MAP／P109-19
膳平
ぜんぺい／彦根

屋台からスタートし、試行錯誤を繰り返す実力店。長浜市で開業後、あえてラーメン激戦区の彦根市に移転して勝負をかける。決め手のスープは、豚骨や香味野菜を炊き出して抽出する天然素材の豚骨スープ。見た目はこってりだがまろやかで豊潤な味わい。こだわりの麺は、製麺室で仕込む自家製麺でつるりとのど越し抜群。自家製太麺の台湾まぜそばも見逃せない。

☎0749・24・8808
彦根市後三条町593-10
11:00〜15:00(LO／14:45)、
18:00〜22:00(LO)
月曜休(祝日の場合は翌日)
全席禁煙
完全個室無　P10台
Twitter／ZENBEI0326で検索

その他のおすすめメニュー
台湾まぜそば850円、黒とんこつラーメン850円
ラーメンDATA
麺:ストレート(細)　スープ:豚骨

滋賀

豊潤でまろやかな豚骨スープの虜に

MAP／P109-19

la-men NIKKOU
ラーメン ニッコウ／彦根

行列必至の人気店として湖東で名を轟かせる存在。じっくり煮込んだ鶏白湯と、丸鶏・豚・野菜・魚介などからとったあっさりスープの日香麺の2大メニューが人気を支える。他に、鶏白湯スープに柚子を香らせたつけ麺も一度は食べたいおすすめメニュー。さらに、店主が食べ歩いて得たインスピレーションをもとに作られる期間限定ラーメンにも注目を。

☎0749・28・2035
彦根市宇尾町1366-2
11:30〜14:30、17:30〜21:0
土・日曜、祝日11:30〜21:0
月曜(祝日の場合は翌日)
全席禁煙　完全個室無　P18台
http://www.la-men-nikkou.co.jp/

その他のおすすめメニュー
つけ麺900円、チャーシュー飯350円
ラーメンDATA
麺:ストレート(中細)　スープ:鶏ガラ

MAP／P109-19

とんこつらーめん 豚太
とんこつらーめん ぶたた／南彦根

20年以上のキャリアを持つ2人のラーメン職人が一緒に切り盛りするこちら。看板メニューは、豚の頭骨などの豚骨を3日掛けてじっくり炊き込んで作る純豚骨スープを使った博多ラーメン。定番の博多とんこつでもクリーミィだが、よりコクと濃厚さを求めるなら、濃とんこつや濃とんこつ極もあり。直径1mmの超極細麺がスープに絡み付く絶品。

博多とんこつ　680円
「誰もが気軽に味わえるように」とリーズナブルな価格設定。本場博多の味を感じて

☎0749・30・9285
彦根市小泉町1025-6
11:00〜翌4:00(LO)
日曜、日曜を含む連休最終日
11:00〜21:00(LO)
無休、他不定休有
時間により禁煙(11:00〜15:00)
完全個室無　P15台(共用)

その他のおすすめメニュー
濃とんこつ800円、濃とんこつ極820円
ラーメンDATA
麺:ストレート(極細)　スープ:豚骨

天然豚骨ラーメン　750円
大火力で炊き出す高純度の豚骨スープに自家製麺が絡み合う。とろとろのチャーシューも美味

天然素材スープと自家製麺がマッチ

丼いっぱいに広がる魚介の旨み

MAP／P109-19
らー麺 潮騒
らーめん しおさい／彦根

　築地直送のマグロ料理で知られる[喜多屋]と、姉妹店の[貝鮮まるき]が手を組んだラーメン店。系列店の特徴を活かし、鶏ガラベースのスープに魚介と貝を使用。異なる3種の旨みがバランスよく調和して、コク深い味わいを生み出す。ランチには、＋250円できざみ焼豚丼や鶏唐揚げなどが選べるセットが用意されており、ガッツリ食べたい人にオススメ。

☎0749・49・3722
彦根市駅東町20-11
11:30〜14:30（LO／14:15）
17:30〜23:30（LO／23:00）
月曜、第2火曜休
全席禁煙　完全個室無　P25台
Facebook
らー麺 潮騒で検索

その他のおすすめメニュー
若鶏の唐揚げ4個450円、ギョーザ5個400円、特製焼飯500円
ラーメンDATA
麺:ストレート（細）　スープ:鶏ガラ、魚介など

貝香る〜潮（しお）〜そば
900円
鶏ガラと昆布、魚の節でとった自家製スープにアサリやホタテなどの贅沢な香りと旨みが押し寄せる

豚の頂 醤油
850円
存在感ある自家製の太麺と、コク深い豚骨スープのマリアージュ。食べ応えのある一杯

洋の技法も駆使する
つけ麺専門店

MAP／P107-13・4B
つけ麺亭 日向〜HINATA〜
つけめんてい ひなた／水口

　イタリアン出身の店主が営むつけ麺専門店。[平田牧場]の三元豚を使った豚骨ベースの豚の頂と、みやざき地頭鶏を使用した鶏ガラベースの和の極がつけ汁の軸で、それぞれ醤油や魚介などと組み合わせることができる。カルボナーラつけ麺も人気のメニューで、卵と生クリーム、ベーコンのつけ汁にモチモチとした食感の自家製麺がよく絡む。

☎090・3702・2409
甲賀市水口町東名坂302-1
ツキダビル1F
11:00〜14:00
17:30〜21:00
月曜休
全席禁煙　完全個室無
P7台

その他のおすすめメニュー
カルボナーラつけ麺1000円
ラーメンDATA
麺:ストレート（中太）　スープ:豚のポタージュ

滋賀

魚介の風味が引き立つ つけ汁の魅力

MAP／P107-13・3C
麺屋 半蔵
めんや はんぞう／愛荘町

　全国を股にかけ、腕を磨いてきた店主が作るつけ麺が評判。豚骨と豚足を長時間掛けて煮込んだスープに魚介を合わせたつけ麺が看板メニューで、濃厚さとスッキリ感のバランスに秀でている。あつ盛りか冷や盛りを選べ、魚介、かつお、豚、塩の4種を用意。ギョウザ300円、チャーシューごはん350円などサイドメニューも豊富に取り揃えている。

☎0749・42・7007
愛知郡愛荘町長野318-2
11:00～15:00
18:00～24:00
月曜休
全席禁煙
完全個室無
P30台

その他のおすすめメニュー
豚骨魚介ラーメン730円、タタキ背脂ラーメン880円、油そば750円
ラーメンDATA
麺:平打ちちぢれ　スープ:豚骨、豚足、魚介

半蔵つけ麺 830円
魚介を加えたコク深いスープは、食べ進めても最後まで新鮮な味わい。麺ののど越しも抜群

麺力を実感する 自家製麺のつけ麺

MAP／P109-19
麺や 江陽軒
めんや こうようけん／彦根

　大阪の中華そばの名店［麺屋えぐち］で修業を積んだ店主の森垣さん。独自に研究を重ねたスープのダシは、滋賀県産の淡海地鶏、北海道産羅臼昆布、九州産のイリコなど、すべて国産の材料で揃える。中華製麺専用粉「紬」から作る自家製麺も好評で、平打ちで少し厚みがありモチモチとした食感が楽しめる。特に麺を楽しみたいなら、つけそばを選んで。

つけそば（大盛・300g）950円
全粒粉入りの自家製麺と旨みが溶け出すスープがよく合う。大盛でもペロリと食べられそう

☎0749・28・3828
彦根市蓮台寺町50-36 1F
11:00～15:00、18:00～21:30
※スープが無くなり次第終了
月曜休(祝日の場合は翌日)
全席禁煙
完全個室無　P18台
Twitter／ko_yo_kenで検索

その他のおすすめメニュー
中華そば750円、背脂そば800円
ラーメンDATA
麺:ストレート(太)　スープ:魚介、豚、鶏

揺るがない湖北

KOHOKU

人気ラーメン店が営む昭和酒場

湖国の最北エリアである長浜・米原は、数は少ないが、王道の醤油から鶏白湯、酒粕までスープも豊富で、一軒一軒に根強いファンがついている。

中華そば
702円
歯切れの良い自家製の細麺を使用。魚介＆鶏ガラスープにレアチャーシューがアクセント

MAP／P109-21
麺処 赤鬼
めんどころ あかおに／長浜

　いかめしい赤鬼を門番に、昭和歌謡が流れるレトロな異空間。炭火で焼いた串焼きを筆頭に、懐かしいアルマイトの平皿で供してくれる。地元の常連客には煮干しが決め手の中華そば、牛ホルモン入りのかすうどんが人気だという。今宵は陽気なひとときを。

☎0749・64・5333
長浜市元浜町7-1
16:00～23:00
水曜休
禁煙席無
完全個室無
P無

その他のおすすめメニュー
豚骨ラーメン600円、チャーハン500円、唐揚げセット250円
ラーメンDATA
麺：ストレート（細）　スープ：魚介、鶏ガラ

滋賀

博多ラーメン

たい風ラーメン
700円

これが豚骨かと思うほどクリアなスープが特徴。シンプルだからこそ食べ飽きない味

豚骨の概念を覆すクリアなスープ

MAP／P107-13-2C
博多ラーメンたい風米原店
はかたラーメンたいふうまいばらてん／米原

　48時間以上掛けて煮込む豚骨スープは、コクがありながらあっさりした風味。雑味がなく、最後まで飲み干せてしまうスープは老若男女を問わず、幅広く支持を集め、店内には有名タレントのサインがズラリと並ぶ。ラーメンはもちろん、創業より継ぎ足しのタレをじっくり染み込ませた自家製の焼き豚1本2500円も評判で、お土産に持ち帰る人も。

☎0749・52・3719
米原市下多良1-52
11:00～24:00(LO／23:30)
無休
禁煙席無　完全個室無　P13台

その他のおすすめメニュー　ぎょうざ290円
ラーメンDATA　麺:ストレート(細)　スープ:豚骨

MAP／P109-21
梅花亭
ばいかてい／長浜

　滋賀ならではの食材を使ったラーメンが楽しめる。銘酒「七本槍」の蔵元である[冨田酒造]の酒粕や、地元長浜にある[あやべとうふ店]の豆乳などを使用しながら、オリジナルの一杯を作り上げる。あっさりした和風だしに、酒粕を加えた酒かすラーメンは、ふんわり立ち昇る香りも良く上品な味わい。湖国の恵みを堪能したい。

☎0749・65・6450
長浜市大成支町1031-3
11:30～14:30(LO／14:30)
18:00～20:30(LO／20:00)
※売り切れ次第終了
不定休　全席禁煙
完全個室無
P7台

その他のおすすめメニュー
和風鶏塩ラーメン900円、魚だしラーメン(塩)890円、梅香らーめん1000円
ラーメンDATA
麺:ストレート(細)　スープ:魚介(昆布+鯖節+ウルメ節+メジカ節)

滋賀の恵みを味わえる極上の一杯

酒かすのラーメン
940円

和風だしに[冨田酒造]の酒粕を加えた一杯。レアチャーシューや穂先メンマも添えて

濃厚鶏SOBA(塩)
850円

ドロリとした鶏白湯スープと中太の自家製麺がよく絡む。チャーシューは豚肩ローストと鶏の2種

骨の髄まで抽出した至極の鶏白湯

MAP／P109-21
麺屋 號tetu
めんや コテツ／長浜

　独学でスープ作りに取り組み、今では鶏白湯のトップランナーとして知られる店主が提供。大量の鶏ガラとモミジを長時間炊き上げ、1日寝かせた後、さらにペースト状の鶏肉骨を溶かし込むという至極の一杯。塩か醤油を選べるが、鶏白湯の味を素直に楽しみたいなら、塩がおすすめ。他、魚介を加えたラーメンもお試しあれ。

☎0749・63・4340
長浜市南呉服町5-24
11:30～15:00(LO／14:30)
17:30～21:00(LO／21:00)
※スープがなくなり次第終了
日曜夜、月曜休
全席禁煙
完全個室無　P無

その他のおすすめメニュー
魚介出汁の塩SOBA850円、ぶた飯セット+270円
ラーメンDATA
麺:ストレート(中太)　スープ:鶏ガラ、モミジ

麺ライターがゆく

時代を牽引する京滋のラーメン店。

ライター 曽束政昭さん
1968年京都市伏見区生まれ。ミーツ・リージョナルを経てフリーライターに。関西を中心に全国のうまいものを食べて取材し続ける麺好き

あっさりなのにコク深い和ダシ清湯。

MAP／P102-03・2A

麺屋 猪一 本店
めんや いのいち ほんてん／寺町仏光寺

　2013年に開店し、高辻堺町に支店[猪一 離れ]を開店。そして今回本店を移転。和食店のような趣ある店構えに、より旨さを追求したスープの香りが漂う。若き店長・帯刀練之助さんはじめ、スタッフさんたちのムダの無い動きにも感心しきり。数種の節と昆布に、鰹の香味油を浮かべ、熟成をかけた細麺がたゆたう。シンプルに見えて実に奥深く滋味深く、嗅覚や味覚を通して体の奥底にじんわりと響いていく支那そば白900円。トッピングの味玉は半玉100円。

☎非掲載
京都市下京区寺町通仏光寺下ル恵美須之町542
11:00〜14:00
17:30〜22:00 ※売り切れ次第終了
日曜休　全席禁煙　完全個室無　P無

ラーメンDATA
麺:ストレート(細)　スープ:魚介

京都

ラーメン街道に貝だし清湯の波。

麺屋 聖 ～kiyo～
めんやきよ／一乗寺

MAP／P100-01・2B

［麺屋 優光］の2号店が激戦区に開店。本店と同じ貝だしベースだが、ひと味違った新たな清湯系ラーメンを提供する。仕上げに蒸すことで適度に脂を落とした豚バラチャーシューなど、パワープレイ要素が濃い。白醤油のギフト900円。

☎075・606・5459
京都市左京区一乗寺払殿町48 コーポ吉沢1F
11:00～15:00　17:30～22:00
木曜、不定休
全席禁煙
完全個室無　P無
Instagram／menya.kiyoで検索

その他のおすすめメニュー
炙り焼豚丼250円、肉餃子250円

ラーメンDATA
麺：ストレート（中太）　スープ：鶏ガラ

キラキラ系豚骨清湯に新たな感動

らぁ麺すぐる
らぁめんすぐる／修学院

MAP／P100-01・1C

［らぁ麺とうひち］のセカンドブランドは、本店の鶏に対して豚骨。同じ清湯ながらも風味が異なる。それでいて世界感がつながっているのだから感動モノだ。しなやかでとろけ感ある麺が香ばしいスープにマッチする醤油らぁ麺800円。

☎075・721・6556
京都市左京区山端壱町田町8-6
11:00～14:30（LO）
18:00～21:30（LO）
木曜休
全席禁煙　完全個室無　P4台
Twitter／ramen_suguruで検索

その他のおすすめメニュー
塩らぁ麺850円

ラーメンDATA
麺：ストレート（中細）　スープ：醤油、豚

味を伝える人がいるからこそ、それぞれの地域の味が育まれる。

町や河原町、たかばし辺りで食べていたラーメンも確かに京都から随分進化した。けれども各地のラーメンをすすってきたが、旅取材で洗練系でもスープやかえしや麺など好みが地域ごとにあるし、店の味がご当地ラーメンも客によって変化したり、ご当地の味を持った店が多い。新潟の燕三条系や、富山ブラック、尾道、徳島、和歌山、その多くはゆっくりと熟成されたように、何年もかけて土着の味になっていった。今京都における清湯の流れはその第二波、変化の部分が訪れているように思う。

まず京都ラーメンとひとくくりにしたところで、同じ基準やシバリは無いと再確認しておきたい。鶏ガラ醤油、背脂、九条ねぎに辛い味噌など、共通する要素を持った店が多い。それでも京都らしい、というラーメンが今も存在し、多くの人に愛されている。今回のお題は、そんな世界からここ数年でぐっと新しい味を求めて店が展開されているというお話だ。全国的にも多く見られるようになった鶏清湯醤油のラーメンは、東京のラーメン店の影響が強く感じられるところ。ブランド鶏を用いたスープに、数種の醤油をブレンドするのがトレンド。澄んだ鶏油を浮かべたり、香味油にも鰹や煮干しを含ませるようになってきた。自家製麺や製麺所の特注麺も主流であり、こうしたハイスペックかつ洗練されたラーメンを提供する店が増加してきた。円町の［山﨑麺二郎］の登場以降加速した清湯だが、［とうひち］［麺屋 優光］の二号店が同時期にできたことでさらに厚みを増した。

京都のラーメン店が京都の風土と感覚で作り、その時間を重ねていくことで「京都らしい清湯」が生まれているといえるだろう。［猪こ］に至っては、もう一歩進んで魚介のみで醸しだした和だしの清湯スタイルとなった。また店長、スタッフの若い世代が味を追究することで、一歩ずつ時代が進んでいくように感じるのだ。若い頃に木屋

一方で鶏白湯など濃厚なスープの店が多い滋賀でも、新たな魚介系や鶏清湯の世界が展開されている。元々鶏ガラ醤油は屋台の味だけれども、この場合大阪で修業した店主が滋賀の食材を用いたり、気候や地元客の要望に合わせたりして滋賀のラーメンになっていく。例えば背脂、その文化は京都と滋賀だけでなく、富山や新潟など日本海側の寒い地域に多い。スープが冷めないように、と同時多発的に生まれたのか、伝播していったのかは不明だが、そこにあるのは「美味しく食べてもらいたい」という共通した気持ちがあるのだ。

現在のように通信やSNSが揃っていれば、全国の味が入り混じることになりそうだが、人と店と客と風土がその地元のラーメンを作るのだ。「ヨソから来た人や味」と、異文化を拒んでいては何も生まれないだろう。伝統や歴史を守る大切さを知る京

都の街だからこそ、新たな要素を巧く取り入れて新しい味を創り上げていく。35年以上関西圏でラーメンを食べて来た身にとって、ここに挙げたお店が、時代を牽引したり、新しい波を生み出したり、何かしらの原動力やきっかけになることを強く感じている。

対して、新しい時代が生まれるまで、口を開けて待っているだけではその時流を感じられないだろう。西に流行モノがあれば飛びつき、東に老舗がまた深みある味を出したと耳にすれば足繁く通う、そんなラーメンライフを送っていただきたい。さらに言えば、味を伝えるのは店主だけではないということだ。各地、各店で感動した味を、どうか朗らかに店で語っていただきたい。いや、訊いてくれる誰かが居て欲しい。店の方も、御客さんも、いや必ず、また新しい京都の、滋賀のラーメンブームが生まれる。情報過多の時代ではあるけれど、一番強いのは、実際に食べて感動した身近な人たちの口伝による伝達であると再認識しつつ、今日も麺をすする日を過ごしている。さらにいえば、気持ちを込めた作り手と、それを真摯に伝える食べ手が繋がっていれば、素晴らしきラーメンライフはどこまでも続く、きっとそういうことだ。

大阪の名門の味を湖国へ。

自家製麺がとろけて抜群

MAP／P108-16
らあ麺くろき
らあめんくろき／瀬田

　和だし・鶏清湯と看板にもある。店主・黒木秀己さんは、「こってりが多い滋賀で、自分好みの清湯スープで勝負」と2年前、還暦の歳に開店。元々大阪のうどん鍋の老舗などで腕を振るった職人だ。鶏ガラと昆布に、鰹、椎茸、煮干し、アゴ(トビウオ)、貝柱などを駆使。干し椎茸の戻し汁をスープに用いつつ炊き直して具に加える「始末の精神」も含め、季節の野菜をあしらうなど、和食の世界を感じさせる。魚介らあ麺750円。

☎077・543・5233
大津市一里山2-18-13
11:30〜14:30
18:00〜21:00
月・第4火曜休
全席禁煙
完全個室無
P有

その他のおすすめメニュー
鶏煮干しらあ麺750円、みそらあ麺800円
ラーメンDATA
麺:平打ち(極太)　スープ:魚介

MAP／P107-13・3B
ラーメン奏
ラーメンかなで／野洲

　大阪・玉造[ラーメン人生JET600]で4年修業。地鶏の清湯と白湯スープに、キタホナミ、春よ恋、はるきらりの国産小麦3種で打つ自家製麺を組み合わせる。師匠譲りの深いスープにも笑みがこぼれるが、麺の表面が溶けるように喉を過ぎ、噛めば上質のパンを食べた時と似た、フワリと鼻に抜ける小麦感に高揚を覚えた。奈良の無添加醤油に貝やスルメの旨みを含ませたかえしの味わいにも拍手鳴り止まず。しょうゆラーメン880円。

☎077・587・0575
野洲市冨波乙690-32
11:00〜15:00
木曜休
全席禁煙
完全個室無
P有
Twitter／ra_menkanadeで検索

その他のおすすめメニュー
鶏そば850円、魚介鶏そば900円
ラーメンDATA
麺:平打ち(細)　スープ:醤油

滋賀

駅近に移転で遠方客もさらに増加。

MAP／P108-14
ラーメンモリン
ラーメンモリン／大津

　加藤屋系列から暖簾分けの後、2016年に完全独立。さらにこの度、大津駅前すぐに移転が決まったばかり。ゲンコツと背骨を7時間炊き込んだ豚骨清湯と煮干しを用いつつ、湖国ブラック、次郎系混ぜ麺の「森次朗」、そのカレーバージョン「森印朗」など幅広いベクトルの麺を展開する。こってりも煮干しも限定もあるのだから、通うしかなくなっている。醤油らーめん800円。ゴツめの唐揚げ小2個250円〜などサイドにも注目。

☎無
大津市梅林1-3-25
11:30〜14:30、18:00〜21:00
日曜休
全席禁煙
完全個室無
P有
Twitter／morinKTYで検索

その他のおすすめメニュー
唐揚げ(小2個)250円、森次朗930円、森印朗950円
ラーメンDATA
麺:ストレート(中細)　スープ:醤油

豚骨と煮干しが見事に合体!

和ダシの香りが落ち着く〜

和食料理人ならではの独自進化形

Leafの LINEって知ってる?

友だちや家族との連絡ツールとして、LINEを利用している方も多いですよね。

実は「Leaf」でも公式のLINEアカウントがあることをご存知ですか?

お友だちになると最新記事を取得したり、

知りたいキーワードで検索すると目的に合わせた記事を提案してくれる

便利な機能に加え、定期的に記事もお届けしています!

グルメ、イベントネタ満載
毎週、新しい京都ネタをチェックできます

毎週火・木曜に WebLeafの注目記事を配信中

今すぐお友だち登録を!
「@leafkyoto」で検索

LINE 公式アカウント

ホットドッグカフェ カフェ ポシェ

Cafe POCHER

京都市南区西九条針小路町89-1
TEL.075・634・9892
Open 10:00　Close 21:00(LO／20:30)
京都駅八条口より徒歩13分

https://toji-pocher.com

京都ガイド本大賞 2019 受賞！

京都を知りつくした書店員さんが選んだ **No.1**

「今、京都を案内するならどこに行く？」というキーワードで、気になるおいしいものを全部紹介！京都生まれを知る**新しい京都案内**、おもてなしごはん、今知っておきたいキーワード、観光地エリア、パン、コーヒー、宿などをピックアップ。小さな店がひしめく京都の街で、**誰かを案内したくなる**、そんな出合いを求めて出掛けてみてください！

「京都案内」
900円（税別）

Leaf

接待や宴会
記念日など

大切な人を連れていきたい
京都個室のあるお店

祇園、河原町、烏丸、京都駅

好評発売中
本体907円+税

PRIVATE ROOM

特別な日の感動が増す
カウンター個室
庭&夜の雰囲気が
素敵な個室

おもてなしに最適！
和食ランチ・喫茶・ホテルの個室
21時以降でも、大人数でも
対応可能なお店

01 京都市／北東

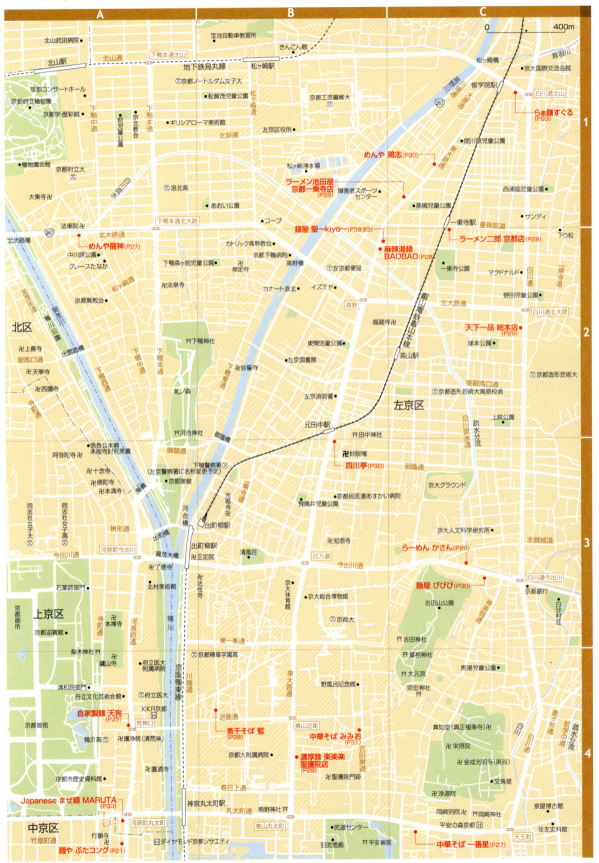

京都滋賀のラーメンMAP

02 京都市／北西

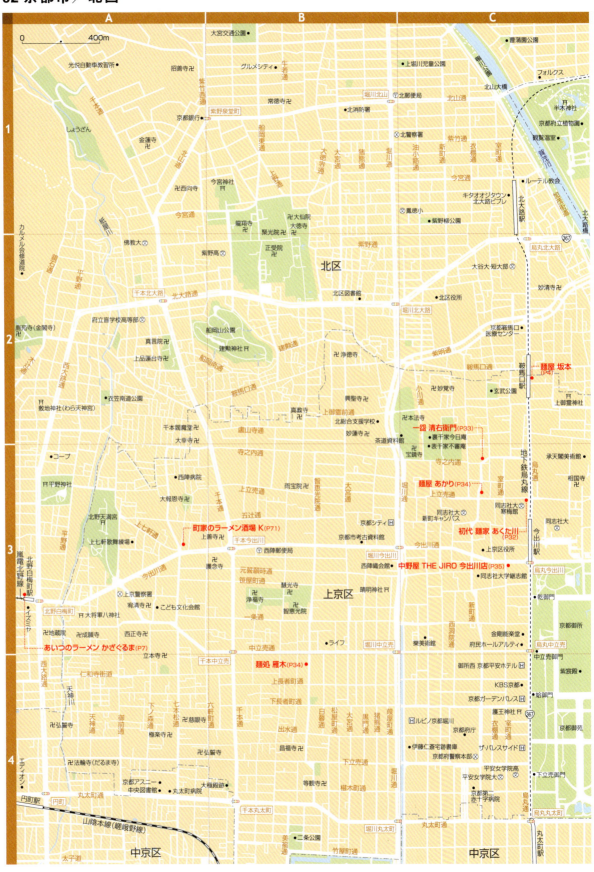

03 京都市／南東

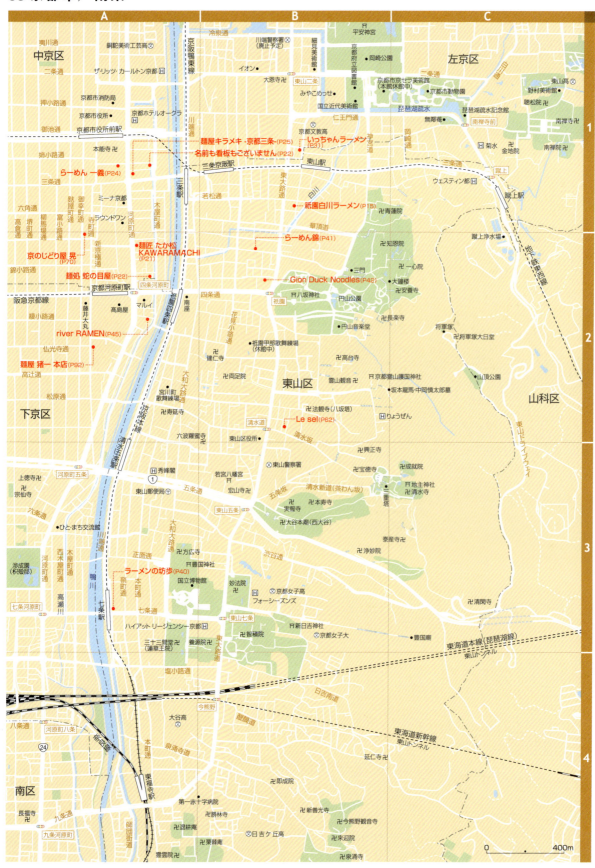

04 京都市／南西

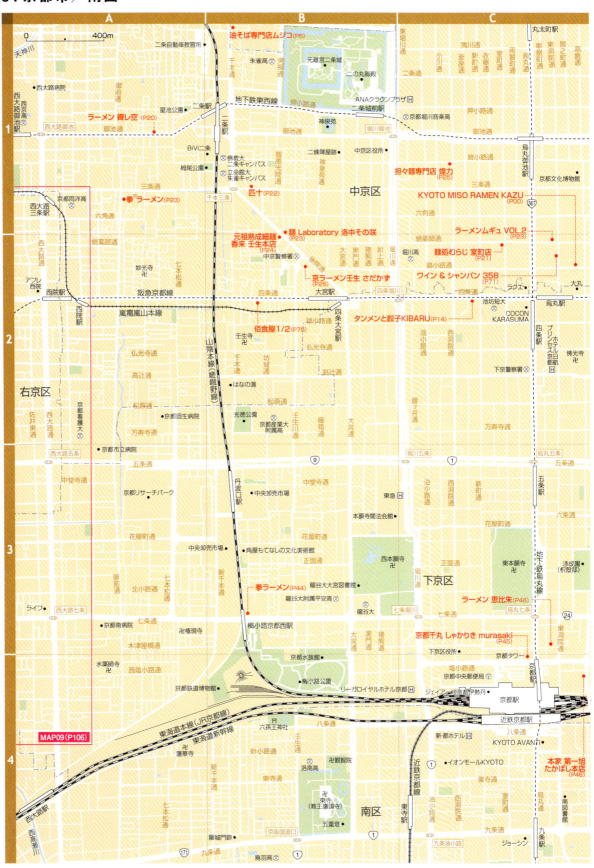

05 京都広域

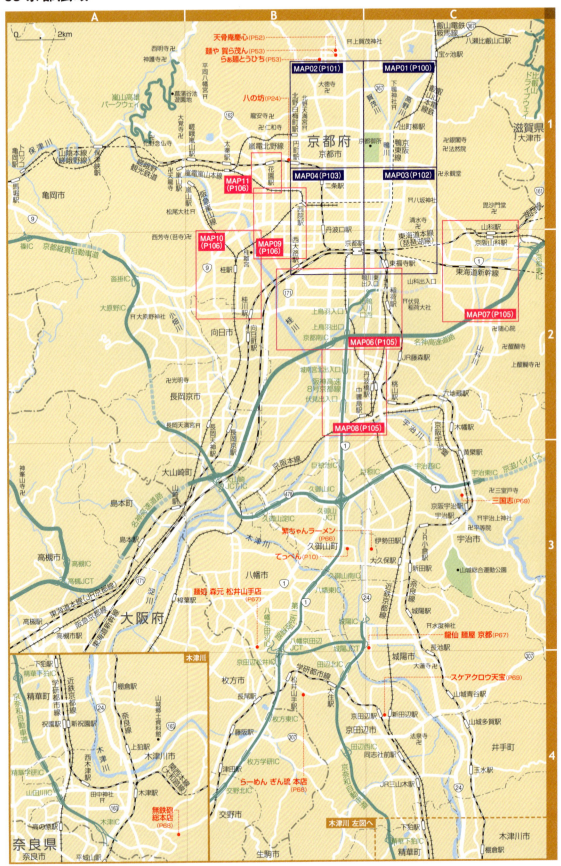

06 十条・竹田・稲荷

08 伏見

07 山科

11 花園

09 西京極

12 福知山・綾部

10 桂

13 滋賀広域

16 石山・瀬田

14 大津

17 手原・栗東

15 草津

20 近江八幡

18 守山

21 長浜

19 彦根

INDEX

あ

店名	所在地	頁
あいつのラーメン かざぐるま	京都市・北区	7
油そば専門 西院麺ism	京都市・右京区	57
油そば専門店ムジコ	京都市・上京区	6
盌 清右衛門	京都市・上京区	33
いっちゃんラーメン	京都市・左京区	31
うちのラーメン 我豚	滋賀県・守山市	9
近江熟成醤油ラーメン 十二分屋 膳所店	滋賀県・大津市	72
オカモトタンメン。	滋賀県・彦根市	12

か

店名	所在地	頁
かなだ屋	滋賀県・大津市	76
鴨LABO	京都市・南区	58
華楽	滋賀県・栗東市	85
頑固麺	京都市・伏見区	51
祇園白川ラーメン	京都市・中京区	24
元祖熟成細麺 香来 壬生本店	京都市・東山区	15
Gion Duck Noodles	京都市・東山区	42
京都塩元帥	京都市・下京区	46
京都千丸 しゃかりき murasaki	京都市・下京区	45
京都 麺屋たけ井 TauT阪急洛西口店	京都市・西京区	55
京のどじどり屋 晃	京都市・中京区	70
京ラーメン壬生 さだかず	京都市・中京区	25
拳ラーメン	京都市・下京区	44
拳10ラーメン	京都市・中京区	23

さ

店名	所在地	頁
三国志	京都府・宇治市	69
自家製麺 天狗	京都市・上京区	35
自家製麺と定食 弦乃月	滋賀県・愛知郡	16
繁ちゃんラーメン	京都府・久世郡	66
四川亭	京都市・左京区	30
志那そば 大津 天下ご麺	滋賀県・大津市	75
Japaneseまぜ麺 MARUTA	京都市・上京区	33
初代 麺家 あくた川	京都市・上京区	32
スケアクロウ天宝	京都市・伏見区	49
セアブラノ神 伏見剛力	京都府・京田辺市	69
膳平	滋賀県・彦根市	86

た

店名	所在地	頁
大勝軒 千代原口店	京都市・西京区	54
大中	京都市・伏見区	49
担々麺 胡	京都市・山科区	64
担々麺専門店 煌力	京都市・中京区	25
タンメンと餃子KIBARU	京都市・下京区	14
チキン野郎8	滋賀県・彦根市	63
中華そば 一番星	京都市・左京区	27
中華そば 殿 雄琴店	滋賀県・大津市	77
中華そば 東東	京都市・西京区	55
中華そば 満丸	滋賀県・草津市	85
中華そば みみお	京都市・左京区	31
中華料理 オーパスワン	滋賀県・野洲市	80
中華料理 ふぁんふぁん	京都市・山科区	65

な

店名	所在地	頁
中野屋 THE JIRO 今出川店	京都市・上京区	35
名前も看板もございません	京都市・中京区	79
煮干そば 藍	京都市・左京区	29
煮干しらぁめん じんべえ	滋賀県・草津市	29
濃厚麺 楽楽楽 聖護院店	京都市・左京区	10
天骨庵慶心	京都市・北区	52
東京油組総本店 滋賀組	滋賀県・草津市	78
とんこつらーめん 豚太	滋賀県・彦根市	87

は

店名	所在地	頁
梅花亭	滋賀県・長浜市	91
博多とんこつ 真咲雄	滋賀県・草津市	82
博多麺道楽	滋賀県・草津市	81
博多ラーメンたい風米原本店	滋賀県・米原市	91
八の坊	京都市・中京区	24
匹十	京都市・中京区	22
佰食屋1/2	京都市・伏見区	70
フカクサ製麺食堂	京都市・中京区	51
菩子母鼓	滋賀県・守山市	83
本家 第一旭 たかばし本店	京都市・下京区	46

（※「つけ麺亭 日向〜HINATA〜」滋賀県・甲賀市 88、「つけ麺 夢人」京都市・山科区 65、「鶴武者」京都市・右京区 57、「てっぺん」京都府・久世郡 10）

ま

店名	所在地	ページ
麻辣湯麺 BAOBAO	京都市・左京区	4
麻辣屋 Shang Shang Tang	滋賀県・草津市	82
町屋のラーメン酒場 K	京都市・上京区	71
まる担 おがわ	京都市・西京区	54
無鉄砲 総本店	京都府・木津川市	68
麺匠 たか松 KAWARAMACHI	京都市・中京区	74
麺匠 眞-shin-	滋賀県・大津市	21
麺庭 寺田屋	滋賀県・長浜市	5
麺処 赤鬼	滋賀県・長浜市	90
麺処 雁木	京都市・上京区	34
麺処 蛇の目屋	京都市・中京区	22
麺処 鶏谷	京都市・右京区	57
麺処 丸昌	京都市・南区	59
麺処 むらじ 室町店	京都府・八幡市	21
麺処 森元 松井山手店	京都市・上京区	67
麺屋 あかり	滋賀県・草津市	34
麺屋 いち源	京都市・南区	13
麺屋 空	京都市・下京区	59
麺屋 猪一 本店	京都市・左京区	92
麺や 賀ら茂ん	京都市・北区	53
麺屋 聖～kiyo～	京都市・左京区	39,93
麺屋 キラメキ-京都三条-	京都市・中京区	25
めんや 鶏志	京都市・左京区	30
麺屋 航	滋賀県・栗東市	84
麺や 江陽軒	滋賀県・彦根市	89
麺屋 號 tetu	滋賀県・長浜市	91
麺屋 坂本	京都市・上京区	4

や

店名	所在地	ページ
麺屋 さん田	京都市・右京区	56
麺屋 ソミーズ	京都府・福知山市	68
麺屋 昊鶏	滋賀県・湖南市	11
麺屋 白頭鷲	滋賀県・守山市	81
麺屋 半蔵	滋賀県・愛知郡	89
麺屋 びびび	京都市・左京区	30
麺やぶたコング	京都市・中京区	21
麺や 結	滋賀県・守山市	83
めんや龍神	京都市・左京区	27
麺Laboratory 洛中その咲	京都市・中京区	23
横浜家系ラーメン 大津 魂心家	滋賀県・大津市	76
横浜家系 ラーメン秀吉家	滋賀県・守山市	80

ら

店名	所在地	ページ
ラーメン天人	滋賀県・野洲市	8
ラーメン池田屋 京都乗寺店	京都市・左京区	28
ラーメン 恵比朱	京都市・中京区	24
らーめん かさん	京都市・下京区	46
ラーメン 奏	京都市・左京区	26
らーめんぎん琉 本店	滋賀県・野洲市	94
らぁ麺 くろき	京都府・京田辺市	68
ラーメンこんじき南草津店	滋賀県・草津市	94
らー麺 潮騒	滋賀県・大津市	79
ラーメン二郎 京都店	滋賀県・彦根市	88
らぁ麺 すぐる	京都市・左京区	29
ラーメン荘 地球規模で考えろソラ	京都市・右京区	93
ラーメン 大栄	京都市・南区	56
らーめん大金 京都深草店	京都市・伏見区	59
ラーメンたぬき屋	京都市・伏見区	49
らー麺 鉄山靠 瀬田本店	滋賀県・大津市	50
ラーメン 天	京都市・山科区	74
らぁ麺 とうひち	京都市・北区	65
ラーメン 桃李路	滋賀県・大津市	53
らーめん 錦	滋賀県・彦根市	73
la-men NIKKOU	京都市・東山区	41
ラーメンの坊歩	京都市・伏見区	87
ラーメン 霄レ空	京都市・中京区	20
ラー麺 陽はまた昇る	京都市・伏見区	40
拉麺 へんてこ	滋賀県・大津市	50
らーめん みふく	京都市・中京区	48
ラーメンムギュVOL.2	京都市・大津市	73
ラーメンモリン	京都市・中京区	23
らーめん 与七	滋賀県・大津市	95
来来亭 野洲本店	滋賀県・野洲市	77
river RAMEN	京都市・下京区	45
龍仙 麺屋 京都	京都府・城陽市	67
Lesel	京都市・東山区	62

わ

店名	所在地	ページ
ワイン＆シャンパン358	京都市・中京区	71

京都 滋賀
うまいラーメン

2019年11月10日 初版第一刷発行
定価／本体907円＋税

発行者
中西真也

編集・発行
株式会社 リーフ・パブリケーションズ
〒604-8172　京都市中京区烏丸通三条上ル メディナ烏丸御池4F
TEL.075・255・7263　／　FAX.075・255・7621
https://www.leafkyoto.net/　info@leafkyoto.co.jp

EDITOR IN CHIEF
西井紅音

EDITOR
吉田美也子

CIRCULATING-SECTION
大塚健太郎、坂田尚也、内山正之（西日本出版社）

AD STAFF
細田光範、原田淳史、鈴木一司、澤野峰幸、
五十嵐彩、谷村朋実、岩崎保奈美

ACCOUNTING-SECTION
柿森洋一、岩田彩加

DESIGNER
岸本香織

PHOTOGRAPHERS
桂秀也、鈴木誠一、高見尊裕、
武甕育子、中尾写真事務所、夏見タカ、
畑中勝如、橋本正樹、平田尚加、
増田えみ、三國賢一 & more

WRITERS
板倉詠子、治部美和、曽束政昭、
園木葉、立原里穂、谷田和夫、
武井聡子、土井淑子、中尾潤子、
藤井彩加、松崎聖子、闇雲啓介、
柚原靖子

MAP DESIGN
データ・アトラス株式会社

PRINTING
図書印刷株式会社

※落丁・乱丁はお取り替え致します。
※本誌掲載の写真・イラスト・地図及び記事の無断転載を禁じます。

© 株式会社 リーフ・パブリケーションズ 2018 Printed in Japan
ISBN 978-4-908070-50-1

Leaf MOOK・書籍案内

気になる本があれば、お近くの書店で注文してください！

■京滋の情報が盛りだくさん！

「京都個室のあるお店」
907円（税別）

「京都・滋賀 おいしい眺めのいい店」
924円（税別）

「めぐる京都」
815円（税別）

「Men's Leaf vol.5」
924円（税別）

「京都おいしいグルメちび」
907円（税別）

「京都案内」
900円（税別）

Leaf MOOK・書籍の購入方法

Leaf MOOK・書籍はお近くの書店でもお申し込みいただけます。
（※一部受付できない書店もございますので、予めご了承ください）
「近所に Leaf MOOK が買える書店がない」という方には Leaf から郵送します。ご希望の MOOK を明記の上、郵便切手または現金書留で下記の本代と送料をお送りください。到着次第すぐにお送りさせていただきます。
（※お手元に届くのに、約1週間～10日かかります。また、在庫切れの場合もございますのでご了承ください）

郵送の場合の宛先
〒604-8172
京都市中京区烏丸通三条上ル
メディナ烏丸御池4F
「Leaf MOOK」係

■送料について
送料は本代（※MOOK によって異なります）＋送料150円です。2冊以上の送料は、冊数×150円となります。

もっと京都を知りたい人におすすめ！ 月刊誌Leaf 年間定期購読のご案内

毎月、京都・滋賀の旬の情報を網羅した『Leaf』。買いそびれないためにも、毎月確実にお手元に届く定期購読をおすすめします！
年間購読料（1年間12冊分）本体550円×12ヶ月＝6600円（税込）
（送料はかかりません）■お問い合わせ　Leaf販売部　TEL.075・255・7263

お申し込み方法

1.直接申し込みの場合
現金書留にて、合計金額6600円と、住所、氏名、年齢、電話番号、ご希望の開始月を明記の上、下記住所までお送りください。

〒604-8172
京都市中京区烏丸通三条上ル　メディナ烏丸御池4F
株式会社リーフ・パブリケーションズ　定期購読係

2.FAXにて申し込みの場合（銀行振込にてお支払）
FAXにてお申し込みの後、こちらから振込先をFAXにてお知らせします。振込が確認でき次第、本誌をお送りします。入金確認に少し時間がかかりますので、お手元に届くのが遅れますがご了承ください。

FAX.075・255・7621